세상에서 가장 재미있는 멸종 동물 도감

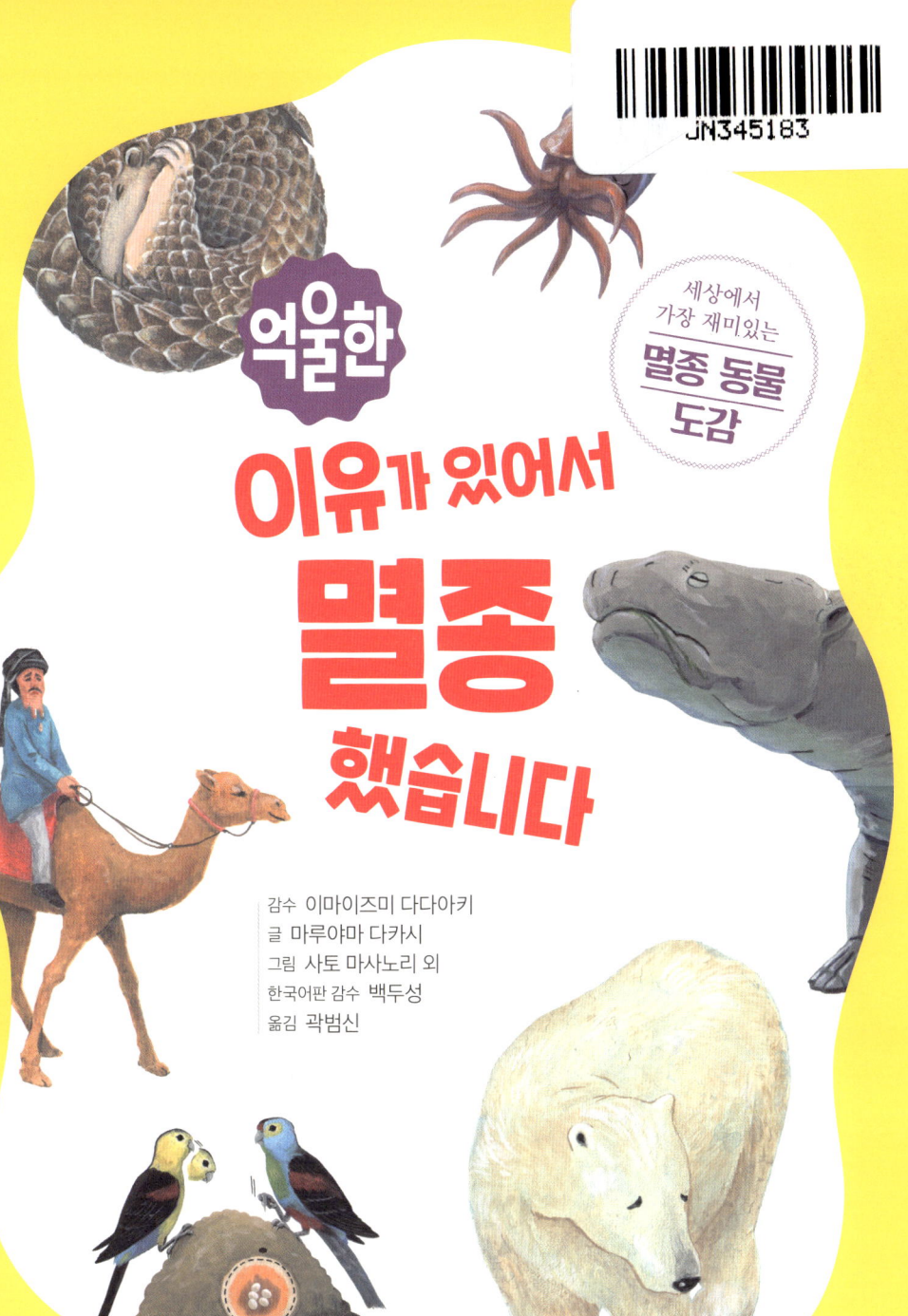

억울한 이유가 있어서 멸종했습니다

감수 이마이즈미 다다아키
글 마루야마 다카시
그림 사토 마사노리 외
한국어판 감수 백두성
옮김 곽범신

위즈덤하우스

시작하는 말

약 40억 년 전에 생물이 생겨난 뒤부터 지구에서는 수많은 멸종이 되풀이되었습니다. 그리고 이 책은 우리의 눈길을 '지금'으로 향하게 합니다. 우리가 알고 있는 지구, 자연, 생물에 관한 사실들은 최근에야 조금씩 밝혀진 것이기 때문입니다. 아래의 내용은 그중에서도 가장 대표적인 사실들입니다.

- 생물은 멸종과 진화를 거듭했다.
- 사람도 다른 생물처럼 진화를 겪었다.
- 지구상에는 약 190만 종의 생물이 살고 있다.

과학자들은 생물이 점점 줄어들고 있다는 사실도 알

아냈습니다. 나아가 사람도 생물이기 때문에 생물이 사라진 지구에서는 사람도 살 수 없을 것이라는 생각을 하게 되었지요. 그런데 지금 우리는 지구의 자연이 모조리 파괴될지도 모르는 길목에 서 있습니다. 어째서 이런 일이 벌어지고 있는 걸까요?

그 이유를 알기 위해 이 책에서는 멸종한 생물, 멸종 직전에 놓인 위기종, 멸종한 줄 알았지만 간신히 살아남아 다시금 발견된 생물, 멸종은커녕 크게 번성한 생물 등 다양한 처지에 놓인 생물들을 소개합니다.

우리는 앞으로도 더욱 더 자연을 알아가야 합니다.

감수 이마이즈미 다다아키

지구의 역사는 멸종의 역사

멸종이란 어떤 종류의 생물이 이 세상에서 한 마리도 남김없이 사라지는 현상을 말합니다. 지구가 생겨난 이후로 헤아릴 수 없을 만큼 많은 생물이 태어나고 멸종했습니다.

환경이 바뀔 때마다 그 전까지 번성했던 생물은 사라지고 새로운 생물이 진화하고 번성했습니다. 지구는 멸종과 진화를 되풀이하며 다채로운 생물이 살아가는 풍요로운 행성이 되었습니다.

그리고

지구에 '어떤 별난 특징을 지닌 생물'이 등장합니다. 대체 어떤 생물일까요?

이럴 수가!

사람이 지구를 독차지하겠어!

사람의 특징은 '환경을 바꾸는 능력'이 매우 뛰어나다는 점입니다. 사람은 그 능력을 살려서 오랜 시간에 걸쳐 지구를 사람이 살기 좋은 행성으로 바꾸었습니다. 사람은 번영을 이루었지만 환경을 바꾸어 다른 생물들을 멸종시키기도 했지요. 지구는 지금 사람의 행성으로 변화하고 있습니다.

대~충 훑어보는 사람의 역사

약 700만 년 전, 숲이 줄어들어 초원으로 쫓겨난 사람은 먼 곳을 내다보거나 덩치가 커 보이게 하려고…

일어섰다!

사람은 두 발로 서면서 등뼈로 무거운 머리를 지탱할 수 있게 되었고, 뇌도 커졌다. 다시 말해…

똑똑해졌다!

사람은 똑똑한 머리와 뛰어난 손재주를 활용해 자신들에게 알맞게 '환경을 바꾸기' 시작했다. 지구의 자원을 이용해서 사람에게 필요한 다양한 것을 만들었고, 지구상에서 가장 넓은 지역에서 살 수 있게 되었다. 한편, 다른 생물을 가장 많이 멸종시킨 생물이 되기도 했다.

대처할 수 없을 정도로 심각한 기후 변화

이산화 탄소나 메테인 등의 '온실가스'를 계속 배출하면….

지구의 기온이 높아진다. 남극 대륙 정도의 얼음이 녹아 섬이 바다에 가라앉을 수도 있다.

사람은 지구를 이기지 못합니다

사람은 환경을 바꾸는 능력을 손에 넣었지만 그렇다고 무적이 된 건 아닙니다. 사람이 환경을 지나치게 바꾸거나 자원을 너무 많이 쓰면 지구 전체에서 문제가 벌어지기도 하지요. 그렇게 되면 사람은 더 이상 손쓸 방법이 없습니다.

정체 모를 바이러스나 세균의 침입

산이나 숲을 개간해 사람이 살기 위한 장소를 넓히다 보면….

새로운 병원성 바이러스나 세균에 감염되기도 한다. 사람은 한데 모여 살고, 자주 이동하기 때문에 감염력이 높으면 단숨에 퍼져나간다.

지구의 자원이 사라진다!

석유나 석탄 등의 화석 연료를 너무 많이 사용하면….

↓

조만간 바닥이 나서 편리한 생활을 계속하지 못하게 된다.

대한민국처럼 하루에 약 295리터의 물을 전 세계의 사람들이 사용하면….

↓

인구는 점점 늘어나기 때문에 물이 부족해진다.

이처럼 사람은 지구로부터 예상치 못한 앙갚음을 당할 가능성이 있습니다. 심지어 다른 생물들까지 이 앙갚음에 휘말릴 수도 있지요.

지구를 모두가 살기 힘든 곳으로 만들지 않으려면, 지나치게 환경을 바꾸지 말고 다른 생물들과 함께 살아가야 합니다.

또한 사람의 잘못과는 상관없는 자연 재해가 일어나기도 한다.
지구의 눈으로 본다면 사람은 수많은 생물 중 하나의 종일 뿐이다.

만약에 극장

#늑대의 멸종

고작해야 한 종? 너무나 소중한 한 종!

지구상에는 알려진 것만 해도 190만 종이나 되는 생물이 살고 있습니다. 그중에서 하나의 종이 멸종한 것은 큰일이 아닐지도 모릅니다. 하지만 모든 생물은 서로에게 수많은 영향을 미치며 살아갑니다. 단 한 종이 사라졌을 뿐인데 환경이 크게 변하는 경우도 있습니다. 바꿔 말해서 단 한 종의 멸종을 막으면 수많은 생물과 그 생물을 둘러싼 환경을 지킬 수 있습니다.

지구에서 생물 하나하나의 종은 너무나도 소중합니다.

숲은 평화로워진…
줄 알았는데,
만세! 늑대가 없으니 걱정이 없구나~.
사방팔방 사슴이 잔뜩!
사슴이 식물을 모조리
뜯어 먹어서
점차 맨땅이 드러나며
메마르고 말았다.
그리고
메마른 땅에서는
생물들이 점점
사라지기 시작했다.
식물이 없으면 못 살아….
앗~ 사냥감이 사라졌다!
이처럼
단 한 종의
멸종이
커다란 숲을
통째로
무너뜨리기도
한다.

멸종을 막는 방법, 있어요!

사람은 '환경을 바꾸는 능력' 말고도 또 한 가지 별난 능력을 갖고 있습니다. 그것은 바로 '기록하는' 능력입니다. 사람은 지금까지 벌어진 멸종에 대해 꾸준히 기록을 남겨 다음 세대에 전달했습니다. 그래서 지금을 살아가는 우리는 과거 사람들보다 훨씬 많은 것을 알고 생각할 수 있지요.

안타깝지만 멸종한 생물은 다시 살아나지 않습니다. 하지만 그 생물이 멸종한 이유를 알고 어쩌다 그렇게 되었는지를 생각해 보면, 새로운 멸종을 막아 낼 힌트를 반드시 찾을 수 있겠지요.

지식은 미래를 바꿀 수 있는 무기입니다.

차 례

2 예상치 못하게 멸종

~~~ 앞날을 어떻게 다 알겠어, 억울해!

~~~

3 사람 탓에 멸종 ~ 사람은 제멋대로야, 억울해!

4 조만간 멸종?

이렇게 멸종하면 억울할 거야!

5 멸종 직전에 생존

~ 살아나서 다행이야!

6 이유가 있어서 -번성-

~ 앞으로도 우리는 살아남을 거야!

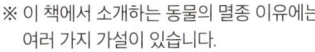

※ 이 책에서 소개하는 동물의 멸종 이유에는
여러 가지 가설이 있습니다.

이 책을 색다르게 읽는 방법

이 책은 누가, 언제, 어디서부터 읽어도 상관없습니다.
그저 가만히 여러 동물이 들려주는 멸종의 이유에 귀를 기울여 보세요.
그런데 여러분은 '정보'가 주는 즐거움을 알고 있나요?

이 책에는 다양한 정보가 실려 있습니다.
마음이 내킬 때면 언제든 아래의 코너들을 참고해
정보가 주는 즐거움을 느껴 보세요.

❶ 기본 정보
동물의 생생한 모습과 몸의 크기(동물에 따라 측정하는 방식이 다르다), 서식지 등을 알 수 있어요. '이런 걸 먹고 살았구나.', '많이 추웠을 것 같아.' 하고 그 동물에 대해 깊게 생각해 보거나 다른 동물과 비교해 보는 것도 좋은 방법이에요.

❷ 해설
동물의 생태와 멸종한 이유에 대해 자세히 알 수 있어요. 기본 정보와 비교해 보면 그 동물이 살았을 때의 모습을 쉽게 떠올릴 수 있어요.

❸ 서식 연대
그 동물이 언제 나타났으며 언제 멸종했는지 한눈에 알 수 있어요. 꽤나 오랫동안 살아남은 동물도 있지만 눈 깜짝할 사이에 멸종한 동물도 있어요.

신생대						
고제3기			신제3기		제4기	
팔레오세	에오세	올리고세	마이오세	플라이오세	플라이스토세	홀로세

←지금은 여기

우리들이 살고 있는 지금은 신생대에 해당해요. 신생대는 크게 세 개의 '기'로 구분되고, 세 개의 '기'는 다시 일곱 개의 '세'로 나누어집니다. 서식 연대는 너무 복잡하기 때문에 따로 다루지 않지만 알아두면 멸종에 관한 더욱 정확한 정보를 얻을 수 있어요.

※ 연도로 표기된 '멸종 시기'는 '멸종 선고가 내려진 해'가 아니라 '마지막으로 생존이 확인된 해' 또는 '조사했지만 더는 발견되지 않은 해'를 가리킵니다.

자, 그럼 편한 방법으로 읽어 보세요.

1

잘해 보려다 멸종

최선을 다했는데, 억울해!

진화는 쉽지 않습니다.
잘해 보려고 만든 무기나 몸의 특징이
오히려 독이 되기도 합니다.
정말이지, 어처구니가 없다니까요.

뼈다귀만 먹다가 멸종

크기는 반달가슴곰 정도

큼? 이건 신테토케라스잖아? 이런 곳에서 만나다니, 이게 웬 떡… 아니, 사체냐! (오독… 오독….)

크으~ **이 오독오독한 뼈다귀의 식감과 촉촉한 골수의 감칠맛! 둘이 먹다가 하나가 저세상에 가도 모른다는 그 맛!** 정말 너무 맛있다!

뭘 봐? 사체를 먹는 게 우습냐? 뭘 모르시네. 이 몸은 말이야, 크고 재빠른 사냥감의 꽁무니를 쫓느라 진땀 뺄 일이 없어. **살아 있을 땐 그림의 떡이던 동물도 죽고 나면 옴짝달싹 못 하거든.** 그러니까 사체는 최고의 밥이다 이거야! (오독… 오독… 오도독….)

사체를 골수까지 꼭꼭 씹어 먹으며 나는 커다란 호랑이 저리 가라 할 만큼 힘이 세졌어. 100킬로그램이 넘을 정도로 덩치도 커졌지. 이 몸이 딱 북아메리카의 대장이 되는구나 했다고.

그런데 **요즘엔 덩치 큰 동물의 사체가 눈 씻고 찾아봐도 없어!** 이대로 가다간 딱 굶어 죽겠다! 어떻게 된 거야? 아는 동물 있으면 좀 나와 봐!

이럴 걸 그랬어

이럴 줄 알았다면 사체에 올인하지 말걸!

멸종 시기	신제3기(마이오세 말)
분류	포유류
크기	몸길이 1.5m(미터)
서식지	북아메리카
먹이	동물의 사체

하이에나처럼 진화한 개의 일종이다. 튼튼한 턱으로 사냥감의 뼈까지 씹어 먹을 수 있었다. 당시 북아메리카에는 낙타나 코끼리의 친척 등 커다란 초식 동물이 많았다. 에피키온은 그 사체를 먹고 덩치를 키웠는데 덩치가 지나치게 커진 탓에 개이면서도 잘 달리지 못하게 되었다. 마이오세 말기에는 덩치 큰 초식 동물의 수가 줄어들었고 에피키온은 먹이가 부족해서 멸종했다.

가시를 유지하기 어려워서 멸종

이 가시가 신경 쓰여요? 별건 아니지만 잠깐 설명이나 들어 보고 가실래요? 그럼…(엣헴).

제 등에 보이는 요 날카롭고 아름다운 것으로 말씀드리자면, 조상 대~대로 전해지는 14개의 가시라고 하옵니다. 이 가시, 처음에는 쥐똥만큼 작아서 별 쓸모가 없었습죠. 그런데 **우연찮게 천적을 혼쭐내는 데 이만한 게 없다는 걸 알게 됐지 뭡니까!** 그 뒤로 가시는 하나하나 늘어났고, 지금은 저를 콱 깨물려는 몹쓸 녀석들의 주둥이를 콕콕 찔러 주는 수호신으로 자리를 잡았습죠.

휴우…. 이 설명을 하도 많이 해서 입이 닳을 정도네요. 그래도 들어 줬으면 해서요.

사실 이 가시… 유지하기가 너무 힘들어요. **너무 길고… 무겁고… 툭하면 걸리적거려서 돌아다니기도 불편하고요.** 그렇다고 버릴 수는 없어요. 저를 지켜 주는 수호신이니까요. 그래요, 수호신! 부럽죠? 부러워야 되는데….

네? 벌써 가신다고요?

할루키게니아

멸종 시기	캄브리아기 중기
분류	엽족동물류
크기	전체 길이 2.5cm(센티미터)
서식지	캐나다, 중국
먹이	알려지지 않음

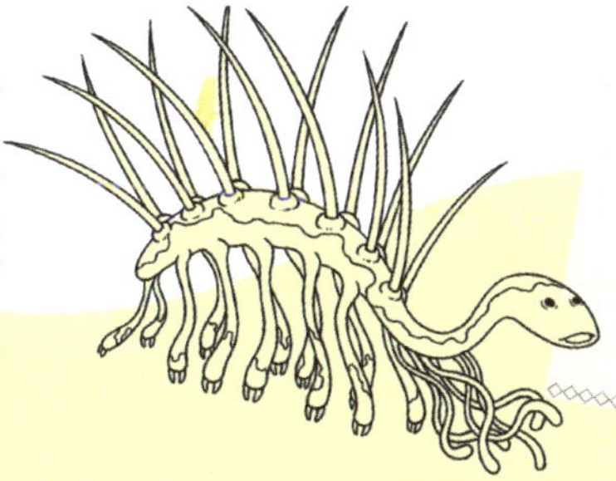

이럴 걸 그랬어

분수에 맞게
살았어야 했어요.

부드러워 보이는 길고 날씬한 몸에 일곱 쌍의 가시를 지닌 동물로, 삼엽충과 같은 절지동물의 먼 친척이다. 삼엽충은 몸의 표면 전체를 딱딱하게 만든 반면, 할루키게니아는 긴 가시만 딱딱하게 만드는 전략을 선택했다. 이 가시는 몸을 지키기에는 도움이 되었지만 점점 길어지면서 가시를 만들거나 유지하는 데 드는 부담이 커졌다. 결국 노력에 비해 좋은 결과를 얻지 못했고, 포식자들의 진화를 따라가지 못해 멸종했을 것이다.

오로지 사냥감만 바라봐서 멸종

제4회 북아메리카 고기 쟁탈전

★ 자, 경기가 드디어 막바지에 이르렀습니다. 사냥감을 노리고 접전을 벌이는 두 마리 야수! 강력한 힘으로 앞뒤 안 가리고 돌진하는 다이어울프와 냉정한 판단력을 자랑하는 회색늑대!

◉ 이거, 누가 이겨도 이상하지 않겠네요~!

★ 어어? 사냥감이 늪에 빠졌습니다! 지금이야말로 절호의 기회로군요!

◉ 이거, 먼저 달려드는 쪽이 이기겠어요~!

★ 둘 모두 동시에 늪에 도착했습니다! 먼저 뛰어든 쪽은… 다이어울프으으으! 한편 회색늑대는 상황을 살피고 있습니다!

◉ 이거, 이거, 누가 더 과감한지에 따라 승부가 갈리겠네요~!

★ 승리를 거머쥐고 포효하는 다이어울프! 무척 의기양양한 표정으로 사냥감을 덥석… 아니? 늪이 질퍽질퍽해서 움직이질 못하는군요! 이건 예상치 못한 상황이네요. 다이어울프가 가라앉고 있습니다!!!!!

멸종 시기	9400년 전
분류	포유류
크기	몸길이 1.4m
서식지	북아메리카, 남아메리카
먹이	대형 초식 동물

이럴 걸 그랬어

승리를 위해서는 잠시 멈춰 설 줄도 알아야 했는데!

회색늑대보다 조금 더 크고 근육이 많아 몸이 무거웠다. 천연 아스팔트 늪에서 화석이 자주 발견되었는데, 경계심이 별로 없었는지 늪에 빠진 사냥감에 달려들었다가 함께 가라앉은 것으로 보인다. 움직임이 굼뜬 대형 초식 동물이 많던 시대에는 막무가내로 달려드는 방식이 괜찮았으나 대형 사냥감이 줄어들자 불리해졌고 결국 멸종했을 것이다.

오도베노케톱스

오른쪽 이빨만 길쭉해져서 멸종

우리 자기 님, 내 이빨에 홀딱 반하셨나? 그런데 지금 내 마음을 표현하자면 '비가 내릴 것 같아서 우산을 챙겼는데 비는커녕 햇볕이 쨍쨍하기만 한 날 집에 돌아가는 중'이라고나 할까. **쉽게 말하자면 이빨이 엄청 거슬린다는 거~?**

왜 오른쪽 이빨만 뒤쪽으로 1미터나 늘였느냐고? 인간 중에도 턱에만 수염을 기르는 남자가 있지? **턱수염을 길러 봤자 사는 데 아무런 도움**

이 안 되는데도? 내 이빨도 그런 거야. 자기 님 같은 암컷 아가씨에게 인기를 끌고 싶달까~★

이빨이 이렇게까지 길면 헤엄치는 데 방해가 되긴 하지. 뭐, 엄청나게까진 아니고 툭하면 거대 상어인 메갈로돈에게 잡아먹히는 정도? **하지만 멋쟁이가 되려면 이 정도쯤이야~!** 자기 님의 사랑을 얻기 위해서라면 더한 일도 할 수 있다는 거~(윙크).

이럴 걸 그랬어

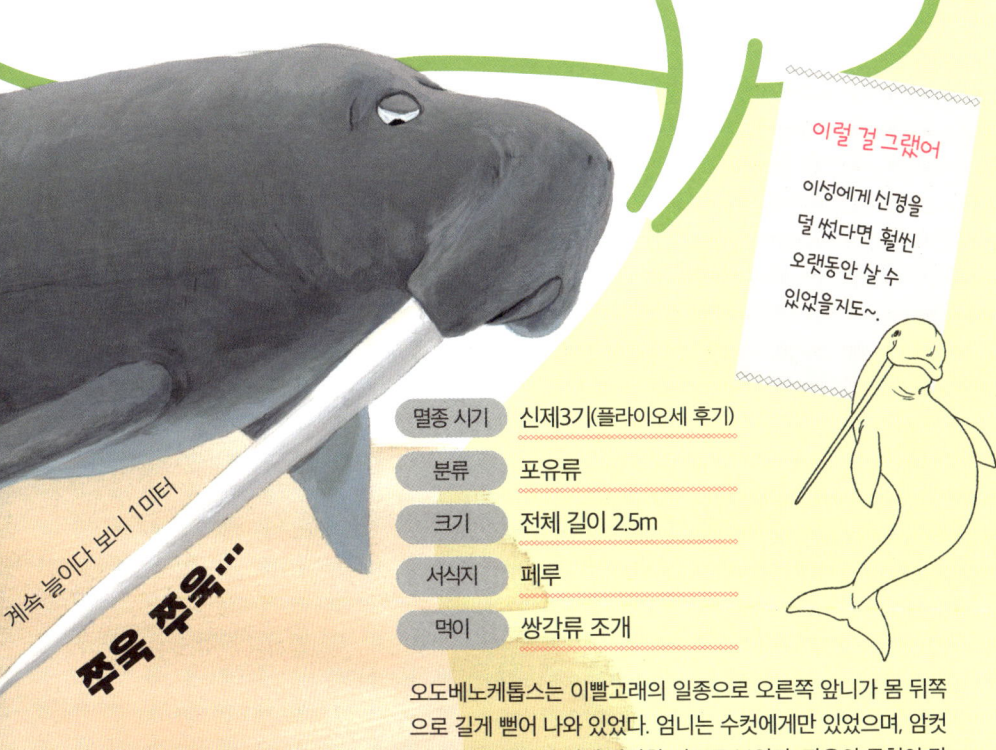

이성에게 신경을 덜 썼다면 훨씬 오랫동안 살 수 있었을지도~.

멸종 시기	신제3기(플라이오세 후기)
분류	포유류
크기	전체 길이 2.5m
서식지	페루
먹이	쌍각류 조개

오도베노케톱스는 이빨고래의 일종으로 오른쪽 앞니가 몸 뒤쪽으로 길게 뻗어 나와 있었다. 엄니는 수컷에게만 있었으며, 암컷에게 인기를 끌기 위해 발달한 것으로 보인다. 좌우의 균형이 맞지 않아 헤엄을 치기 어려웠겠지만 바닷속에 사는 쌍각류 조개에서 알맹이를 빼 먹으며 살았기 때문에 빠르게 헤엄칠 필요는 없었다. 하지만 메갈로돈 등의 대형 포식자가 나타나자 헤엄치는 속도가 느리다는 점이 독이 되어 멸종했을 것이다.

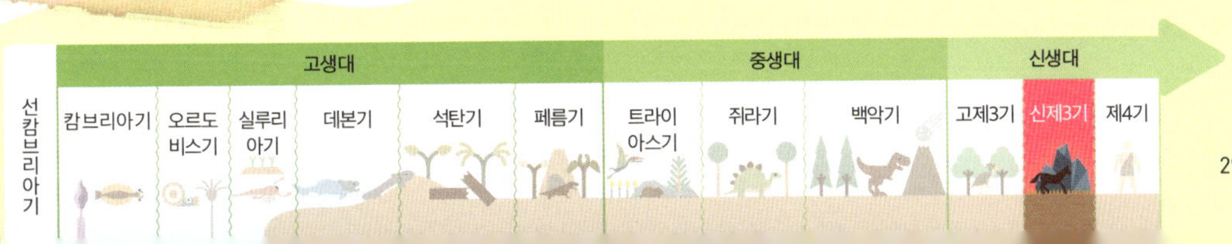

엘라스모테리움

풀에 집착해서 멸종

나는 엘라스모테리움. 덩치는 커도 풀밖에 먹지 않는 초식주의자요.

풀은 참 좋소. 먹고 싶으면 언제든 먹을 수 있다오. 육식 동물처럼 사냥감을 쫓아 뛰어다닐 필요도 없소. 풀은 도망치지 않으니….

나의 관심사는 딱 하나, 풀을 뜯어 먹는 것이오. 내 입술은 부드러워서 풀을 쉽게 잡아 뜯을 수 있고, 어금니는 굵고 단단해서 풀을 잘게 으깰 수 있소. 가끔 모래가 입에 들어가 이빨이 닳기도 하지만 괜찮소. 내 이빨은 길어서 평생 없어지지 않기 때문이오.

하지만 요즘 지구가 너무 추워졌소. 그렇게나 많던 풀이 하나둘 사라지고 있소. 이제는 어딜 가도 이끼뿐….

남쪽으로 떠난 다른 코뿔소는 풀이 아니라 나뭇잎을 먹고 산다던데, 그게 말이 되는 소리인지? 미련하다고 비웃어도 좋소. 풀을 향한 나의 마음은 이 뿔만큼 크고 단단하니…. 나는 오늘도 어김없이 풀을 찾아 돌아다닐 테요.

멸종 시기	3만 9000년 전
분류	포유류
크기	어깨까지의 높이 2m
서식지	유럽, 아시아
먹이	풀

이럴 걸 그랬어

이것저것 골고루 먹을 걸 그랬나….

코뿔소 중에 가장 긴 뿔을 지녔으며 덩치도 가장 컸다. 뿔의 길이는 2미터나 되었다고 하나 아직까지 뿔 화석은 발견되지 않았다. 코뿔소의 뿔은 털이 뭉쳐서 생겨난 것이기 때문에 화석으로 남기 어렵다. 그래서 뿔의 길이 또한 머리뼈에서 뿔이 자라나는 부분인 '각좌'의 크기를 통해 추정한다. 엘라스모테리움은 빙하기 때 광활한 초원에서 풀만 먹으며 지냈는데, 기후가 바뀌고 초원이 좁아졌는데도 다른 식물은 먹지 못해 멸종한 듯하다.

툴리몬스트룸

너무 특이해서 멸종

사람이라고 했남? 별 이상한 동물을 다 만나는구먼. 어찌 그리 몸이 꼿꼿한감? **나처럼 유연하질 않고? 등뼈 때문이라고?** 거참 신기하구먼.

입은 왜 그렇게 얼굴에 딱 붙어 있남? 그렇게 생겨서야 물고기는 잡을 수 있겠는감? **내 입은 인형 뽑기 기계의 집게처럼 쭉 뻗어 있어서 물고기 사냥쯤이야 일**

도 아니구먼. 눈도 이렇게 툭 튀어나와야 멀리 볼 수 있고 좋지 않남? 네 얼굴엔 눈, 코, 입이 너무 다닥다닥 붙어 있는 것 아닌감?

아무리 봐도 이해가 안 되는구먼. 그냥 딱 봐도 나같이 생긴 게 가장 좋을 텐데? 아니라고? **나처럼 생긴 생물은 다른 바다에는 없다고?** 다른 바다라는 건 또 무슨 소린감? 여기 '메이존크리크' 말고 바다가 또 있남?

그러면 말이여…. 내가 이 동네에서는 일진 짱이라고 불리는데, 혹시 그것도 아닌감?

멸종 시기	석탄기 말
분류	정해지지 않음
크기	전체 길이 35cm
서식지	미국
먹이	물고기 등

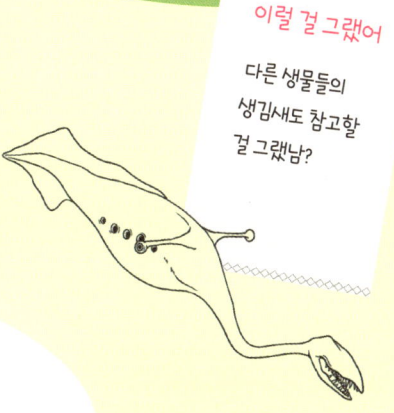

이럴 걸 그랬어

다른 생물들의 생김새도 참고할 걸 그랬남?

미국의 석탄기말 지층인 '메이존크리크'에서 가장 컸던 포식자다. 연체동물인 해파리고둥, 혹은 척추동물인 다묵장어와 가깝다는 설은 있지만 아직까지는 정체가 밝혀지지 않은 상태이다. 툴리몬스트룸은 유별나게 특이한 방향으로 진화하여 메이존크리크에서는 우연히 번성했지만, 다른 환경에서는 재주를 발휘하지 못해 멸종하고 말았을 것이다.

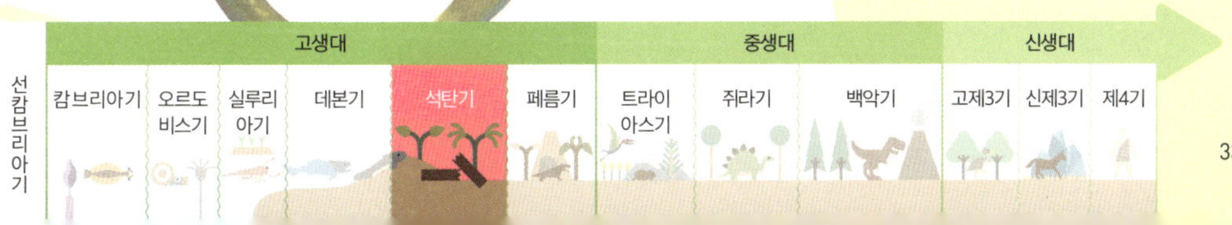

목이 훤히 드러나서 멸종

어머나! 저게 무슨 꼴이람! **머리에 작은 깃을 달다니!** 잼, 리아오케라톱스 아저씨네 딸이지? 혹시 나쁜 애들하고 어울리는 거 아냐?

그보다, 머리에 깃을 달면 무겁고 거추장스러울 텐데? 두 발로 걷기 힘들어서 앞발을 땅에 짚고 네 발로 다닐 테고. 어휴~ 앞날이 훤하다, 훤해!

우리 프시타코사우루스들? 우린 쓸데없는 부분을 과감하게 떼어 냈어. 앞 발가락도 네 개로 줄였더니, 요즘 제일 잘나가!

머리 깃이 있으면 육식 공룡으로부터 급소를 지킬 수 있다고? 정말 뭘 모르네. 초식 공룡은 그냥 도망치는 게 최고야. 머리 깃으로 막겠다느니 어쩌겠다느니, 다 쓸데없는 노력이라니까?

아, 트리케라톱스? 뭐… 세 보이는 건 인정. 근데 딱히 부럽지는 않거든?

이럴 걸 그랬어

빨리 유행을 따라잡았어야 했어.

멸종 시기	백악기 전기
분류	파충류
크기	전체 길이 1.8m
서식지	아시아
먹이	식물

트리케라톱스를 비롯한 각룡은 목을 뒤덮는 머리 깃이 발달해서 머리가 무거웠다. 또한 앞 발가락 다섯 개로 땅을 짚고 네 발로 걸으면서 덩치가 커졌다. 그런데 프시타코사우르스에게는 머리 깃이 없었고 앞 발가락도 네 개만 있었다. 쓸데없는 부분을 덜어 낸 덕에 한때 크게 번성하기도 했지만 이는 진화의 방향을 좁히는 결과로 이어져서 결국 멸종했을 것이다.

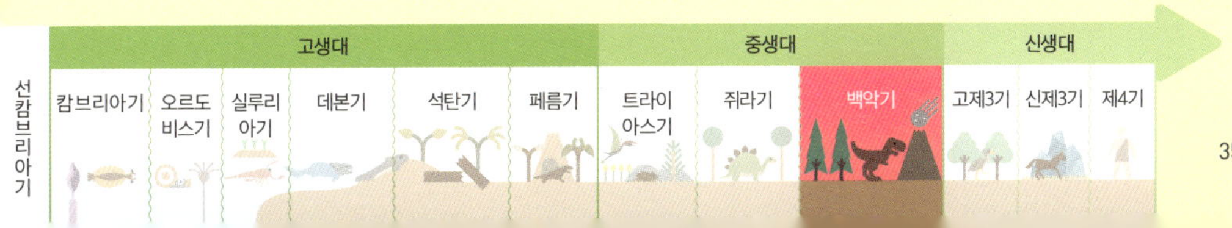

등지느러미가 성가셔서 멸종

파, 팔순이 누나! 잠깐 시간 좀….

왜 그러니? 우리 팔돌이, 바짝 긴장했네. 눈빛이 장난 아닌데?

사나운 눈매는 타고난 건데요…. 그보다 누나! 이것 보세요, 제 등지느러미!

뭐야, 그 손잡이 같은 건? 잡아 줘?

그게 아니고요! 저, 등지느러미를 늘여 봤어요. 어엿한 수컷이 됐다는 증거라고요!

뭐? 팔돌아, 누가 너 마음대로 등지느러미를 뜯어고치랬니? 그러다 붙잡힌다? 내가 참견할 일은 아니지만.

저… **누나한테 잘 보이고 싶어서 등지느러미를 늘인 거라고요!** 사, 사귀어 주세요!

흐음~ 싫어.

너, 너무 빨리 거절하는 거 아니에요? 암컷은 다들 이런 등지느러미를 좋아한다고 팔철이 형이 그랬는데….

뭐랄까, 그 등지느러미… **좀 부담스럽달까?(^_^)**

멸종 시기	석탄기 중기
분류	연골어류
크기	전체 길이 25cm
서식지	미국
먹이	플랑크톤

이럴 걸 그랬어

'인기를 너무 쫓으면 망할 수도 있다'고 팔철이 형이 그러더라고요. 그 말을 들을걸….

연골어류는 물고기 중에서는 드물게 짝짓기를 한다. 연골어류 중 은상어의 수컷은 짝짓기를 할 때 이마에 난 까칠까칠한 돌기로 암컷의 몸을 붙잡는데, 수컷 팔카투스의 등지느러미 역시 비슷한 역할을 했을 것이다. 등지느러미가 이렇게까지 길어진 이유는 길면 길수록 암컷에게 인기가 많았기 때문이었으리라. 이 때문에 수컷의 몸은 살아남기에 불편해졌고, 환경의 변화를 따라잡지 못해 멸종했을 것이다.

최신 유행을 따라잡지 못해서 멸종

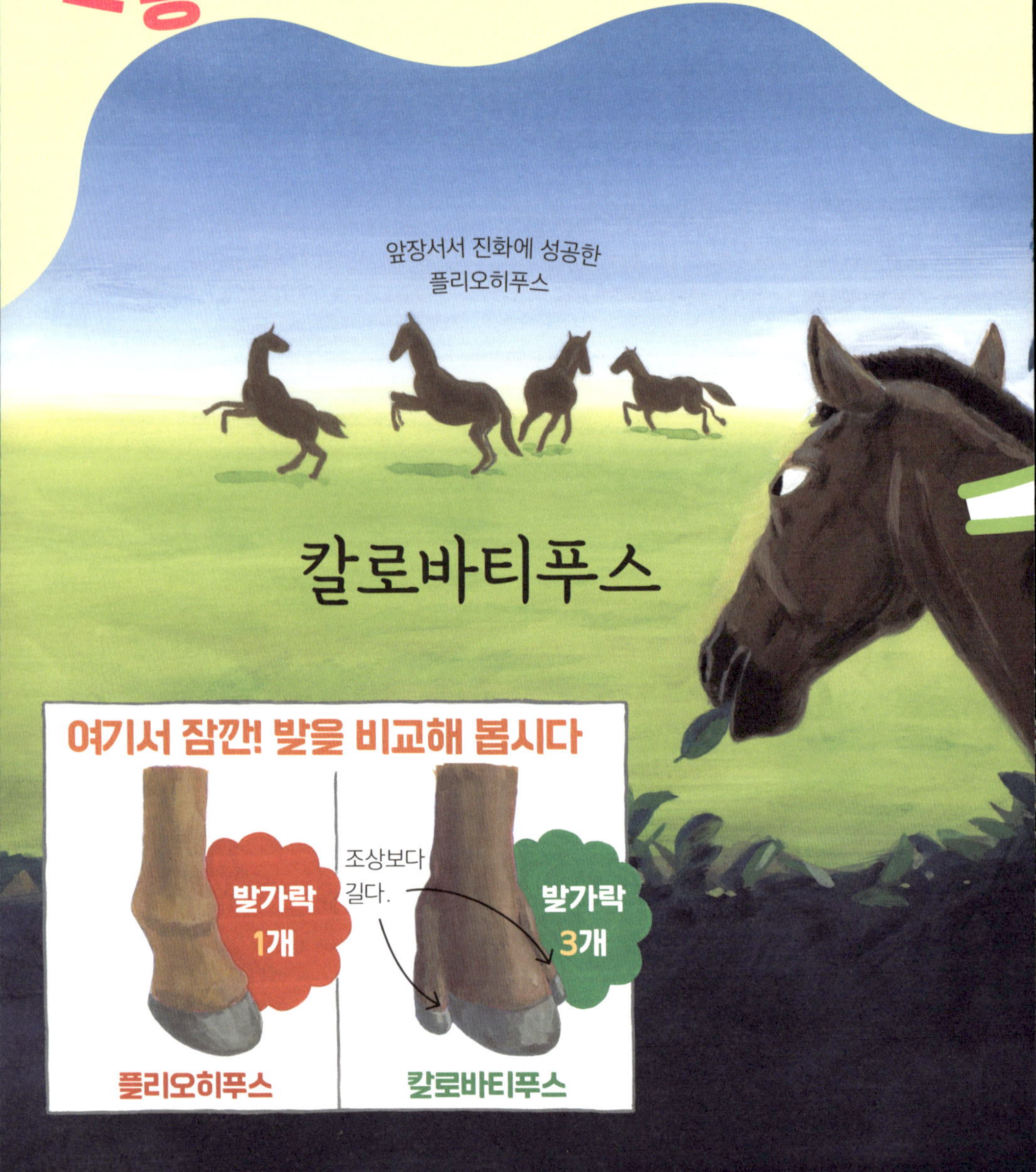

예끼! 요즘 숲이 줄어든다고 이때다 하고 초원으로 떠나는 녀석들은 어디 가서 말 행세를 하지도 말거라. 몽땅 육식 동물의 먹잇감이 될 터이니!

최근 수백만 년 사이에 지구가 말라붙긴 했느니라. 하지만 100만 년은 지구 역사의 4600만 분의 1에 불과한 것. 그렇게 좁아터진 관점으로 초원에 맞게 다시 진화한다니, 불호령이 떨어질 소리렷다!

덩치를 키운다니? 육식 동물에게 날 잡아 잡수라는 말인고? 발가락 수를 줄여야 마찰이 적어져서 달리기가 쉬워진다니? **달리기는 빨라질지 몰라도 갑자기 멈추지 못해 고꾸라질 것을 정녕 모른단 말이냐?**

두고 보아라. 숲은 반드시 늘어난다. 어떤 고난과 역경이 있어도 말은 본디 숲에서 살아야 하느니라. '시대가 변했소~' 하며 우르르 몰려다니는 것은 멸종의 지름길…

… 무어라, 꼰대? 나더러 하는 소리냐? 떽!

이럴 걸 그랬어

숲이 늘어난다고 우기지 말아야 했느니라.

멸종 시기	신제3기(마이오세 후기)
분류	포유류
크기	어깨까지의 높이 70cm
서식지	북아메리카
먹이	식물

말 무리는 화석이 많이 발견되었기 때문에 발가락이 다섯 개인 히라코테리움(숲에서 지냈으며 크기는 중형견 정도)부터 발가락이 한 개인 에쿠스(지금의 말)까지의 진화 과정을 되짚어 볼 수 있다. 이를 보면 진화가 외길로 이루어졌을 것 같지만, 자손을 남기지 못한 채 멸종한 무리도 많다. 칼로바티푸스의 조상은 한때 초원으로 진출했다가 다시금 숲으로 돌아왔다. 그런데 예상과는 달리 숲이 줄어들고 초원이 넓어진 탓에 서식지가 좁아져서 멸종하고 말았다.

대책 없이 덩치가 커져서 멸종

이번 달 말로 우리 리드시크티스는 멸종합니다아아아아앙~.

왜 이렇게 되었냐고옹? 덩치를 급하게 키워서 그런 것 같기도 하공. **우리가 먹는 플랑크톤은 '뷔페'나 마찬가지 거등.** 입을 와앙~ 벌리고 헤엄치다 보면 알아서 입으로 쏙쏙 들어온다공. 그동안 플랑크톤을 걸러 먹는 덩치 큰

물고기는 없었엉. 그래서 먹고 또 먹고 하다 보니 너~무 커졌나 봥.

라이벌에 대해 알아는 봤냐고옹? 아니잉. **덩치가 커지니까 적이 없어지더라공.** 이빨은 너무 작아서 무기로 쓰기엔 꽝이고 수영 실력도 별 볼 일 없지만… 덩치는 크니까 딱히 문제는 없겠다 싶었엉.

그런데 요즘 바다악어나 목이 짧은 수장룡 같은 커다란 육식성 파충류가 자꾸 보이더라공. 보이기만 하면 다행인데, 우리는 마구 잡아먹데? 이럴 줄 몰랐는데, **우리가 '뷔페 음식'이 됐나 보더라공….**

아무튼 큼(따로 무기는 없음).

이럴 걸 그랬어

걱정이 없을 때 다음 전략을 생각해야 되는 거더라공.

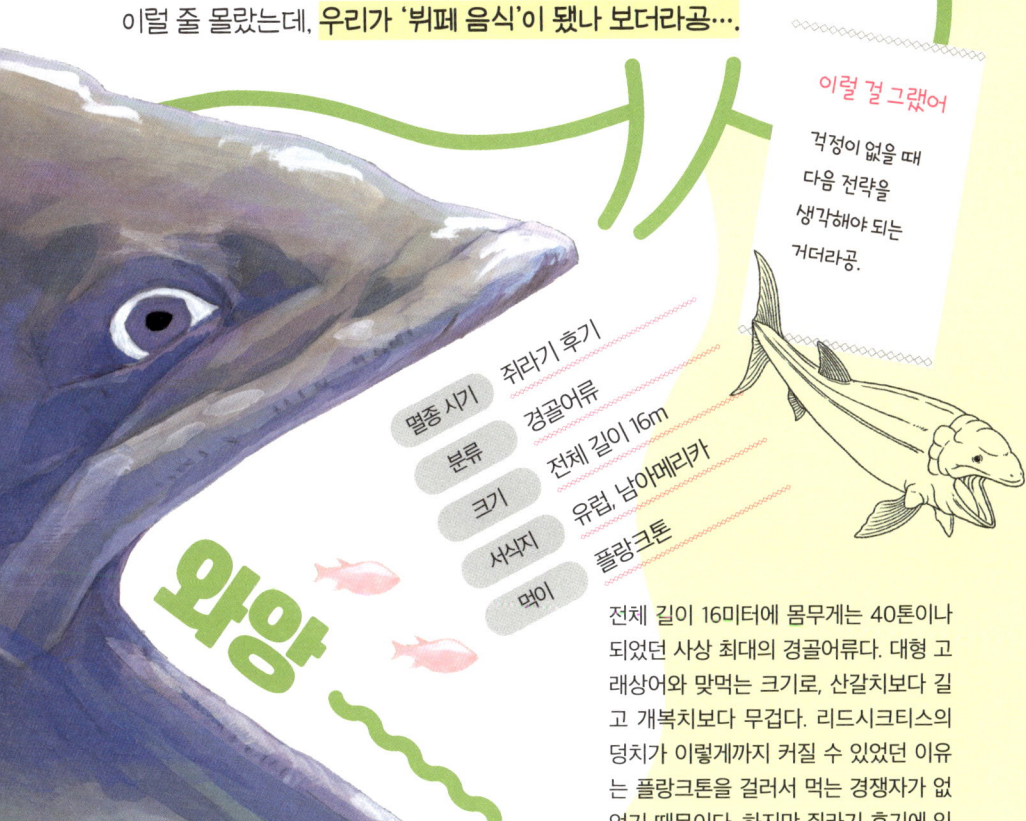

멸종 시기	쥐라기 후기
분류	경골어류
크기	전체 길이 16m
서식지	유럽, 남아메리카
먹이	플랑크톤

전체 길이 16미터에 몸무게는 40톤이나 되었던 사상 최대의 경골어류다. 대형 고래상어와 맞먹는 크기로, 산갈치보다 길고 개복치보다 무겁다. 리드시크티스의 덩치가 이렇게까지 커질 수 있었던 이유는 플랑크톤을 걸러서 먹는 경쟁자가 없었기 때문이다. 하지만 쥐라기 후기에 입이 큰 육식성 해양 파충류가 늘어나기 시작하면서 덩치만 커다란 리드시크티스는 손쉬운 먹잇감이 되었을 것이다.

선캄브리아기	고생대						중생대			신생대		
	캄브리아기	오르도비스기	실루리아기	데본기	석탄기	페름기	트라이아스기	쥐라기	백악기	고제3기	신제3기	제4기

너무 수수해져서 멸종

『극어류 2.0』 아칸토데스 지음

★★☆☆☆ 평가 134건

승리로 이어지는 진화의 비결은 '버리기'였다…!

석탄기에 나타나 전 세계의 강으로 서식지를 넓힌 인기 물고기,
극어류 아칸토데스가 털어놓는 역전의 비결.

■ 먹이는 씹지 말고 삼켜라
~이빨을 버리고 플랑크톤을 걸러 먹자~

■ 더 이상 가시는 필요하지 않다
~가시를 줄일수록 더 빠르게 헤엄칠 수 있다~

이것만 지키면 우리의 미래는 좀 더 풍요롭게 변할 것이다!

전체보기

물고기는 수수한 게 최고

가장 많은 공감을 얻은 부정적 평가

인기짱팔철이

★☆☆☆☆ **시대에 뒤떨어진 이론입니다**

이 작가, 요즘 안 보인다 싶더니만 멸종했더라고요. 석탄기의 다음 시대(페름기)부터는 현대와 마찬가지로 뼈가 단단하게 굳은 '경골어류'가 크게 번성했습니다. 이 작가의 사고방식은 너무 낡아서 요즘 세상에는 도움이 되지 않습니다.

15명의 독자가 '좋아요'를 눌렀습니다

이럴 걸 그랬어

가시와 뼈를 지켰어야 했다!

아칸토데스

멸종 시기	페름기 전기
분류	극어류
크기	전체 길이 30cm
서식지	북아메리카, 유럽, 아프리카, 오스트레일리아
먹이	플랑크톤

극어류는 지느러미에 여러 개의 가시를 지녔으며 초창기에 턱을 갖게 된 물고기이다. 강이나 호수를 중심으로 번성했지만 점차 시대에 뒤처지며 힘을 잃었다. 그때 극어류의 특징인 가시의 수를 줄인 것은 물론, 이빨까지 버리고 빠르게 헤엄치면서 플랑크톤을 먹게끔 진화한 물고기가 바로 아칸토데스였다. 이렇게 진화한 아칸토데스는 한때는 번성했으나 경골어류가 등장하자 멸종하고 말았다.

뛰는 놈 위에 나는 놈 있어서 멸종

말 히힝… 내가 졌단 말임….

티타니스 훗, 나를 덩치만 큰 새라고 우습게 보더니, 꼴 좋~다.

말 너는 대체 정체가 뭐냔 말임!

티 나는 남아메리카에서 온 티타니~스. **남아메리카 최고의 포식자! '공포새류' 중에서도 최신 모델!**

말 공포새류?

티 그렇다, 우리 조상님은 공룡! 그것도 티라노사우루스 같은 수각류였다! **나는 하늘을 버리고 공룡 같은 몸을 다시 얻었지!**

말 히… 히히힝, 웃긴단 말임.

티 뭐가 웃긴단 거냐?

말 **덩치는 큰데 날카로운 엄니도, 앞발의 발톱도 없단 말임.** 그래서야 '대형 육식 동물'이 우글거리는 여기 북아메리카에서 살아남겠느냐 말임!

티 **대형 육식 동물?**

말 뒤에… 네 경쟁자들을 보란 말임!

티 … 히익!

멸종 시기	제4기(플라이스토세 전기)
분류	조류
크기	정수리까지의 높이 2.5m
서식지	북아메리카
먹이	초식 동물

이럴 걸 그랬어

경쟁자를 제대로 파악했어야 했어.

공룡이 멸종한 뒤 수각류의 특징을 물려받은 '공포새류'가 나타났다. 공포새류는 앞발이 작고 이빨이 없었기 때문에 네발 달린 육식 동물들이 진화하기 시작하자 손쓸 도리 없이 멸종하고 말았다. 그런데 경쟁자가 적은 남아메리카에서는 공포새류도 포식자로서 살아남을 수 있었다. 그중에서도 티타니스는 신생대 제4기까지 살아남아 북아메리카까지 진출했지만 곰이나 고양잇과 동물을 당해 내지 못해 멸종한 듯하다.

우리는 살아 있는 화석!

~살아 있는데 화석이라고 부르다니~

아아! 살아 있는 기쁨을 노래하자
우리는 살아 있는 화석
지구 역사의 산증인

누군가는 환경이 변해서 멸종
누군가는 새롭게 진화

멸종도 진화도 아니야
우리는 살아 있는 화석
처음 모습 그대로 오랜 세월 살아왔네

아아! 가끔씩 생각이 나
친구들이 전 세계에 살던 그 시대
지금은 몇몇 곳에서만 살고 있네

아아! 가끔씩 슬픔이 밀려와
수많은 친척들은 왜 사라졌을까
지금은 아주 적은 종만 남아 있네

언제까지 살아남을 수 있을까
우리의 마지막은 신만이 알겠지
오오! 우리는 살아 있는 화석
그대여, 조금이라도 좋으니
우리에게 관심을 가져 줘

2

예상치 못하게 멸종

앞날을 어떻게 다 알겠어, 억울해!

살아남기는 참 어렵습니다.

변화하는 환경, 우글거리는 경쟁자들….

한 치 앞도 알 수 없어요.

어떻게 멸종할지는 아무도 모릅니다.

초음파를 쏘지 못해서 멸종

아 야얏! 아우 아파! **힝, 나는 왜 이렇게 한심할까! 얼마나 더 나무에 부딪혀야 정신을 차리려나?** 정말 짜증 나!

어머머? 저 뒤에 누구야? 이카로닉테리스잖아! 얄미운 것. 얘! 그 벌레는 내가 먼저 점찍은 거야~!

어휴…. **우리 조상님은 박쥐 중에서 처음으로 하늘을 나신 분들이야.** 그런 훌륭한 집안에서 태어난 내가 쟤하고

다섯 개의 발가락
모두에 발톱이 달렸다.
오니코닉테리스

붙으면 번번이 진다니까? 새들이 바글거리는 낮을 피해 밤에 움직이자는 게 바로 내 아이디어였어. 내가 생각해도 정말 괜찮은 생각이었는데…(흑흑).

짜증 나! 어쩌다 저렇게 초음파를 쏘는 애가 진화한 거야? **초음파가 주변 사물에 부딪혀서 되돌아오는 소리를 듣고 깜깜한 밤에도 멀쩡히 날아다니다니, 너무 치사하잖아~.**

눈에만 의지해서 어두운 밤을 날아다니는 건 너무 힘들어! 나도 초음파나 불꽃 같은 걸 쏘게 해 줘~!

이럴 걸 그랬어

곤충이 아니면 어때? 얌전히 과일이라도 먹어 둘걸.

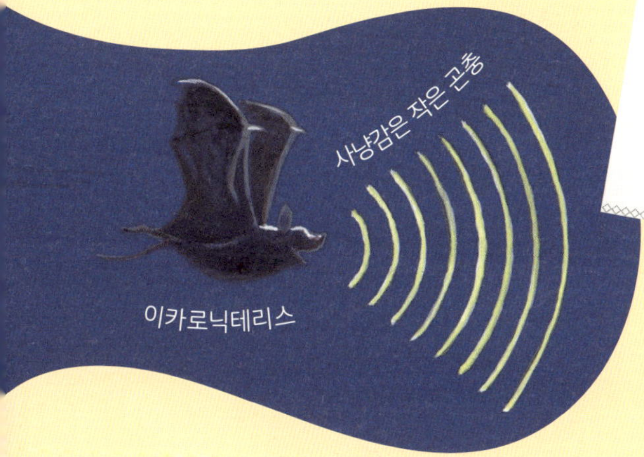

멸종 시기	고제3기(에오세 전기)
분류	포유류
크기	몸길이 10cm
서식지	북아메리카
먹이	곤충

지금까지 알려진 박쥐 중에서 가장 원시적인 종이다. 야행성이지만 초음파를 이용해 주변의 상황을 살피는 능력은 없었다. 같은 시대에는 이미 초음파로 사냥을 하는 이카로닉테리스가 있었다. 눈만 믿고 어둠 속을 날아다니며 작은 곤충을 사냥하기란 어려운 일이다. 초음파로 곤충을 찾아내 낚아챌 수 있도록 진화한 박쥐가 늘어나자 오니코닉테리스는 멸종했을 것이다.

으으윽…. 또 앞으로 갈 수가 없습니다! 가위에 눌린 걸까요? 아니면 커다란 공룡에게 붙잡히기라도…?

아니라고요? **뒷다리가 나무에 걸린 거라고요?** 또? 하루 이틀도 아니고 이게 벌써 몇 번째냐고요!

글렀습니다. 먹잇감을 잡을 수가 없어요. 도마뱀, 작은 포유류, 새끼 공룡… **하나같이 재빠릅니다.** 그뿐이면 다행이게요? 바위틈에 자꾸 숨기까지 해서 도저히 사

사족[蛇足]
있어 봐야 쓸모가 없는 것, 덧붙일 필요가 없는 것을 가리킨다. 옛날 중국에서 뱀 그리기 대결이 벌어졌는데, 먼저 그림을 완성한 사람이 없어도 되는 다리까지 덧그렸다가 패배했다는 이야기에서 유래한다.

뒷다리가 사족이라서 멸종

냥할 수가 없습니다. 내 턱뼈는 위아래뿐만 아니라 양옆으로까지 벌어집니다. 한데 이렇게까지 먹잇감을 잡지 못하다니… 보물을 썩히고 있는 거라고요!

나 정말 무지막지하게 힘듭니다. 날마다 긴 몸통을 요리조리 비틀며 사냥감을 쫓아다니는 게 보통 일이 아닙니다. 뒷다리는 정말이지 아무짝에도 쓸모가 없어요! **뒷다리가 없으면 훨씬 부드럽게 움직일 수 있을 텐데….** 이번 뱀 생은 틀린 것 같습니다! 뱀 생! 인생에서 '인' 대신 '뱀'을 붙여서 뱀 생! 이해했습니까? 캬~ 그럼 좀 웃어 주시죠?

멸종 시기	백악기 후기
분류	파충류
크기	전체 길이 1.5m
서식지	아르헨티나
먹이	작은 동물

이럴 걸 그랬어

다리든 말이든 사족은 붙이지 말아야 했습니다.

쥐라기에 도마뱀에서 진화한 뱀은 바닷속을 헤엄치거나 낙엽 밑을 기어 다니는 생활에 적응하면서 다리를 퇴화시켰다. 그런데 나자시는 백악기 후기에 살았던 뱀인데도 뒷다리가 남아 있었다. 작은 뒷다리는 짝짓기 등에는 도움이 되었지만 이동하는 데에는 훨씬 불리했다. 결국 쓸데없는 '사족'이 달린 뱀은 모두 멸종하고 말았다.

선캄브리아기	고생대						중생대			신생대		
	캄브리아기	오르도비스기	실루리아기	데본기	석탄기	페름기	트라이아스기	쥐라기	백악기	고제3기	신제3기	제4기

댐을 짓지 못해서 멸종

자, '멸종 정보통' 시간이 돌아왔습니다. 오늘은 북아메리카에서 열린 '비버왕 선수권' 현장으로 중계진이 나가 있습니다. 현장에 있는 리포터와 연결해 보겠습니다.

네! 저는 지금 아메리카비버가 사는 강에 나와 있습니다. 보십시오! **비버들이 이빨로 나무를 갉아 쓰러뜨려서 댐을 짓고 있습니다!** 이렇게 강물을 막아 호수를 만들고는 먹이를 저장하거나 육식 동물로부터 몸을 지킵니다!

영차
영차
댐을 만들자!
목재를 옮겨서
아메리카비버

영광의 비버왕 선수권

📺 아, 그렇군요! 다른 현장에 있는 리포터도 소식 전해 주시죠.

🎤 네, 이쪽은 카스토로이데스의 서식지입니다. 보시다시피 계속된 가뭄으로 강물이 바짝 말라 있습니다!

📺 댐은요? 댐은 없나요?

🎤 **카스토로이데스는 댐을 지을 줄 몰라서 멍하니 바라보기만 할 뿐입니다!**

📺 그렇군요. 안타까운 일입니다!

카스토로이데스

이럴 걸 그랬어

댐 짓는 기술은 배워 둘걸….

멸종 시기	제4기(플라이스토세 말)
분류	포유류
크기	몸길이 1.5m
서식지	북아메리카
먹이	풀, 나무껍질, 작은 가지

카스토로이데스는 지구 전체가 추워진 빙하기에 살았던 대형 비버다. 몸이 크고 무겁다는 점은 체온을 보존하기에는 유리했지만 빙하기가 끝나고 따뜻해지자 단점이 되었다. 비버는 헤엄이 특기인 반면 땅 위에서는 움직임이 굼뜬데, 카스토로이데스는 몸이 무거워서 더욱 굼떴을 것이다. 심지어 카스토로이데스는 댐을 짓는 습성도 없어서 기후가 변해 강이 바짝 마르면서 한꺼번에 멸종했다.

감마선이 폭발해서 멸종

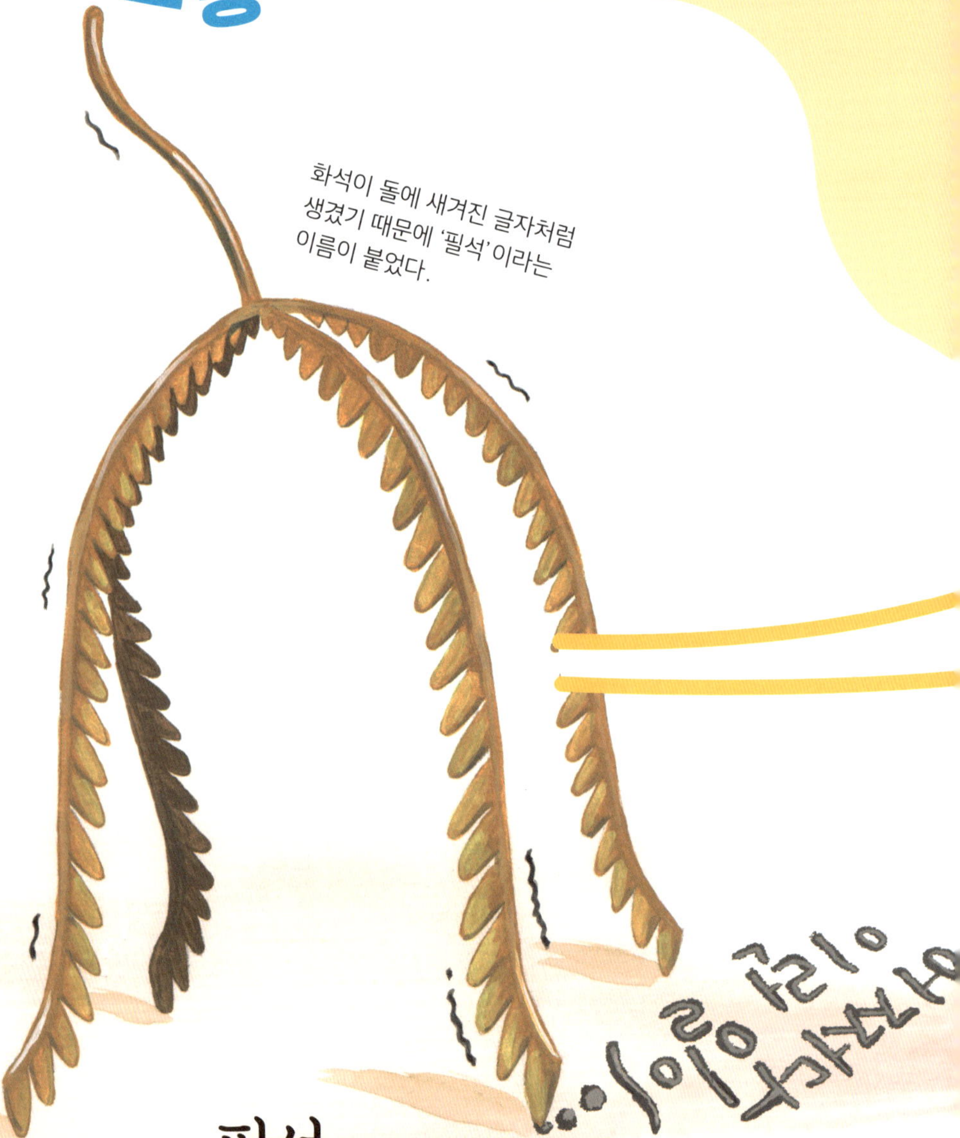

화석이 돌에 새겨진 글자처럼 생겼기 때문에 '필석'이라는 이름이 붙었다.

필석

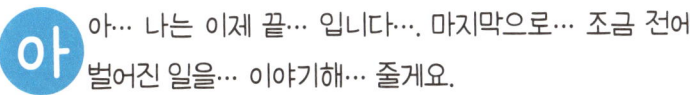

아… 나는 이제 끝… 입니다…. 마지막으로… 조금 전에 벌어진 일을… 이야기해… 줄게요.

나는… 지진이나 화산 폭발 같은… 하찮은 재해로 멸종하지 않았어요. 내가 끝장난 건… 감마선 폭발… 때문입니다.

이 끔찍한 일은… 지구 밖에서 시작됐어요. 몇 광년이나 떨어진 우주에서… 어마어마하게 큰 항성이… 죽고 말았어요. '초신성 폭발'… 이라나요. **이때 감마선이라는… 아주 위험한 방사선이 엄청나게 뿜어졌어요.**

얼마나… 위험했냐고요? **감마선이 겨우… 10초… 지구에 내리쬐었는데… 하늘을 뒤덮은 오존층의 절반이… 파괴되었어요.**

그리고 엄청난 양의 자외선이… 우주에서 지상으로… 쏟아졌어요…. 그 자외선에… 내 몸의 세포는… 갈가리 찢어졌고…, 얕은 바다에서 살던 생물은… 모두… 손쓸 틈 없이… 끝장났답니다… 흐흐흑….

멸종 시기	오르도비스기 말에 대부분 멸종 ※전부 멸종한 때는 석탄기 전기
분류	필석류
크기	군체의 길이 몇~수십 cm
서식지	전 세계의 바다
먹이	플랑크톤

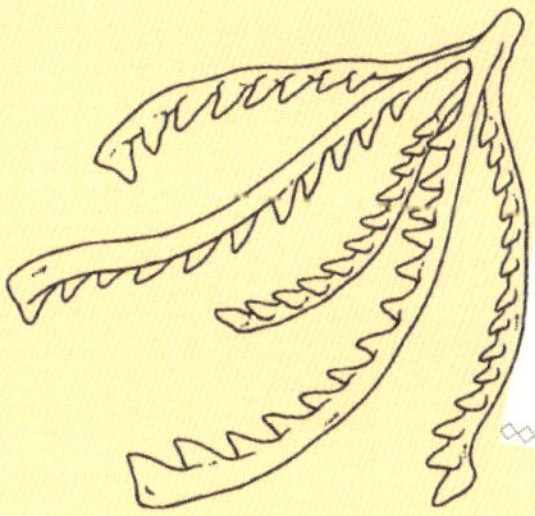

이럴 걸 그랬어

더 더 더
깊은 바다로
내려갔다면….

필석은 산호처럼 수많은 개체가 한 덩어리를 이루어 사는 '군체성' 동물이다. 얕은 바다에서 크게 번성했지만 오르도비스기 말에 대부분 멸종했다. 그 원인은 '감마선 폭발'이라는 이야기가 있다. 우주에서 벌어진 초신성 폭발의 영향을 받아 지구의 오존층이 파괴되었고, 얕은 물에서 살던 필석은 강한 자외선 때문에 멸종했다는 것이다. 이때 깊은 바다에서 살던 필석은 살아남았다.

기니피그에게 밀려서 멸종

두근두근! 남아메리카 학교!

~전편 줄거리~

때는 마이오세 중기.

4000만 년 전부터 번성한 휘수목 집안의 아스트라포테리움은 귀한 집 자제만 다닌다는 남아메리카 학교에서 평화로운 나날을 보내고 있었다.

당시 남아메리카는 북아메리카와 단절된 섬 같은 대륙이었다. 주변이 바다로 둘러싸여 있었기 때문에 다른 대륙에서 찾아오는 전학생은 없었다!

경쟁이 거의 없는 평화로운 환경에서 아스트라포테리움의 덩치는 쑥쑥 커졌다. 이따금 육식 동물인 보리아에나에게 잡아먹힐 뻔한 적도 있지만, 대체로 속 편히 마음껏 식물을 먹으며 살고 있었다.

그렇게 행복하던 나날은 어느 날 갑자기 막을 내렸다. **2000만 년 전, 알 수 없는 곳에서 전학 온 기니피그 집안의 자제들이 어느 틈엔가 덩치가 커져서는 경쟁자가 된 것!**

굼떠도 너무 굼뜬 아스트라포테리움은 천천히 머릿수를 늘리던 거대 기니피그에게 속절없이 패배하고 마는데….

(후편으로 이어집니다!)

멸종 시기	신제3기(마이오세 중기)
분류	포유류
크기	몸길이 2.7m
서식지	남아메리카
먹이	나뭇잎, 물풀

이럴 걸 그랬어

만만한 환경이라고 방심하지 말고 열심히 자기 계발을 해야 했어요.

휘수목은 신생대 초기에 남아메리카에서 진화한 대형 초식 동물이다. 그중 마이오세 초기에 등장한 아스트라포테리움은 덩치가 가장 컸고, 긴 엄니로 식물을 파내서 먹었다. 아스트라포테리움은 몸통이 길고 다리는 가는 편이었기에 움직임은 굼떴을 것이다. 그 때문에 같은 초식 동물인 기니피그의 덩치가 커지자 경쟁에 밀려 멸종했을 것으로 추정된다.

너무 거들먹대다 멸종

사냥감이 사라졌다.
?!
보리아에나
너무 빠르다.
?!
영원히 안녕
멸종
아스트라포테리움
재빠르게 도망
도도도도
도도도도
맛있다, 맛있어.
거대 기니피그

두근두근! 남아메리카 학교! ~후편 줄거리~

(전편에서 이어집니다.) 아스트라포테리움과 거대 기니피그가 불꽃 튀기는 싸움을 벌이고 있을 무렵, **보리아에나는 변함없이 하루하루를 즐기고 있었다.**

자기보다 큰 사냥감의 숨통도 끊을 수 있는 단단한 턱. 살점을 갈기갈기 찢는 커다란 어금니. 반격을 당하더라도 버틸 수 있는 튼튼한 뼈대…. **온몸이 강력한 무기인 보리아에나는 남아메리카 학교 최강의 육식 동물로 자리매김하고 있었다!**

보리아에나도 거대 기니피그 집안에 대해서는 알고 있었다. 다만, 그래 봤자 한입 거리도 안 되는 애송이들이라고 생각했다. 그런데 상황이 갑자기 변하고 말았다. **덩치가 커진 기니피그가 아스트라포테리움 가문을 몰락시켜 사냥하기 쉬운 먹잇감이 남아메리카 학교에서 사라진 것이다!**

보리아에나는 다급하게 거대 기니피그를 뒤쫓았다. **그러나 무시무시한 속도로 달아나는 거대 기니피그를 따라잡을 수는 없었다. 사냥은 실패하기 일쑤였고 보리아에나는 쫄쫄 굶다 결국 멸종하고 말았다….**

(끝)

멸종 시기	신제3기(마이오세 중기)
분류	포유류
크기	몸길이 1.5m
서식지	남아메리카
먹이	대형 초식 동물

이럴 걸 그랬어

눈앞의 상황에 만족하지 말고 좀 더 빨라졌어야 했어.

보리아에나는 남아메리카에 살던 대형 육식성 유대류다. 다리는 짧은 편이었지만 체격이 다부졌으며 특히 깨무는 힘이 강해서 자기보다 큰 아스트라포테리움 같은 동물을 사냥할 수 있었다. 그런데 마이오세 중기에 남아메리카에서만 살던 대형 초식 동물이 점차 줄어들기 시작했다. 보리아에나는 거대 기니피그 같은 새로운 먹잇감을 사냥하려 했지만 도망치는 속도를 따라잡지 못해 멸종했다.

맹그로브가 사라져서 멸종

너 혹시… 맹그로브니? 살아 있었다니!

그립다. 너랑 나랑 행복했던 때가 있었잖아. **이 주변은 따뜻하고 바닷물이 가득했어.** 물결은 어찌나 거센지, 나는 떠내려가지 않으려고 껍데기에 달린 가시를 진흙에 꽂아 안간힘을 쓰고 매달렸지….

그런데 지금은 이 모양 이 꼴이네. **지구가 못 견디도록 추워졌고,** 바닷물은 점점 줄어들었지. 진흙은 마르고, 이곳에 살던 생물은 다들 저세상으로 떠났어. 아아… 지구는 참 잔혹해.

이제 네가 돌아왔으니 나 다시 행복해질 수 있을까? 예전처럼 네 밑동의 진흙 속에 파묻혀서 따뜻한 바닷물을 느낄 수만 있다면…. 그런데 너, 어쩐지 점점 사라지는 것 같은데? **잠깐만, 이거 환상인가?** 맹그로브! 맹그로브? 나를 두고 사라지지 말아 줘!

이럴 걸 그랬어

제 발로 돌아다닐 줄 알았어야 했는데.

멸종 시기	신제3기(마이오세 후기)
분류	복족류
크기	껍질의 길이 10cm
서식지	아시아
먹이	진흙 속의 유기물

맹그로브는 열대와 아열대 지방의 강물과 바닷물이 만나는 습지에서 자라는 나무들이다. 비카리아는 맹그로브의 밑동에서 살던 고둥인데 일본의 홋카이도와 후쿠시마 및 한국의 울산처럼 비교적 추운 지역에서도 화석이 발견되고 있다. 그 이유는 당시 그 지역이 따뜻했기 때문인데, 마이오세 후기에 날씨가 추워지고 맹그로브가 사라지면서 비카리아 역시 멸종한 듯하다.

식물이 말라 죽어서 멸종

모랫길

디프로토돈

내 앞에 길은 없네
내 뒤에도 길은 없네
이곳은 사막
발자취도 식물도
모두 모래 속으로 삼켜지네

아무리 냄새를 맡아도
나무나 샘의 향기는 없네
죽음의 기운만이 피어오를 뿐

아아, 자연이여
지구여
메마른 사막에
나만 홀로 남긴 땅이여
까칠하기 짝이 없구나

나를 좀 지켜다오
맛난 잎사귀로 내 배를 채워 다오
아니, 이렇게 된 거
나뭇가지라도 좋으니
뭐든 제발 좀 주시면 안 될까요?

가도 가도 끝이 없네
가도 가도 끝이 없어

하… 여긴 어딜까?

디프로토돈

멸종 시기	제4기(플라이스토세 말)
분류	포유류
크기	어깨까지의 높이 2m
서식지	오스트레일리아
먹이	나뭇잎

이럴 걸 그랬어

바다로 가든
땅속으로 숨든
비구름을 찾아
떠나든 해야
했는데….

디프로토돈은 유대류 중에서 가장 컸던 동물로 크기는 흰코뿔소 정도였다. 웜뱃이나 코알라에 가까웠으며 코가 커서 냄새에 민감했을 것이다. 또한 커다란 위아래 앞니가 두툼해서 나뭇가지와 나뭇잎뿐만 아니라 나무껍질을 벗겨 먹을 수도 있었을 것이다. 그런데 수만 년 전부터 오스트레일리아가 사막으로 변하면서 먹을 수 있는 식물이 줄어들었다. 그 때문에 영양이 부족해 커다란 몸을 유지할 수 없게 되었고, 멸종하고 만 듯하다.

소에게 밀려나서 멸종

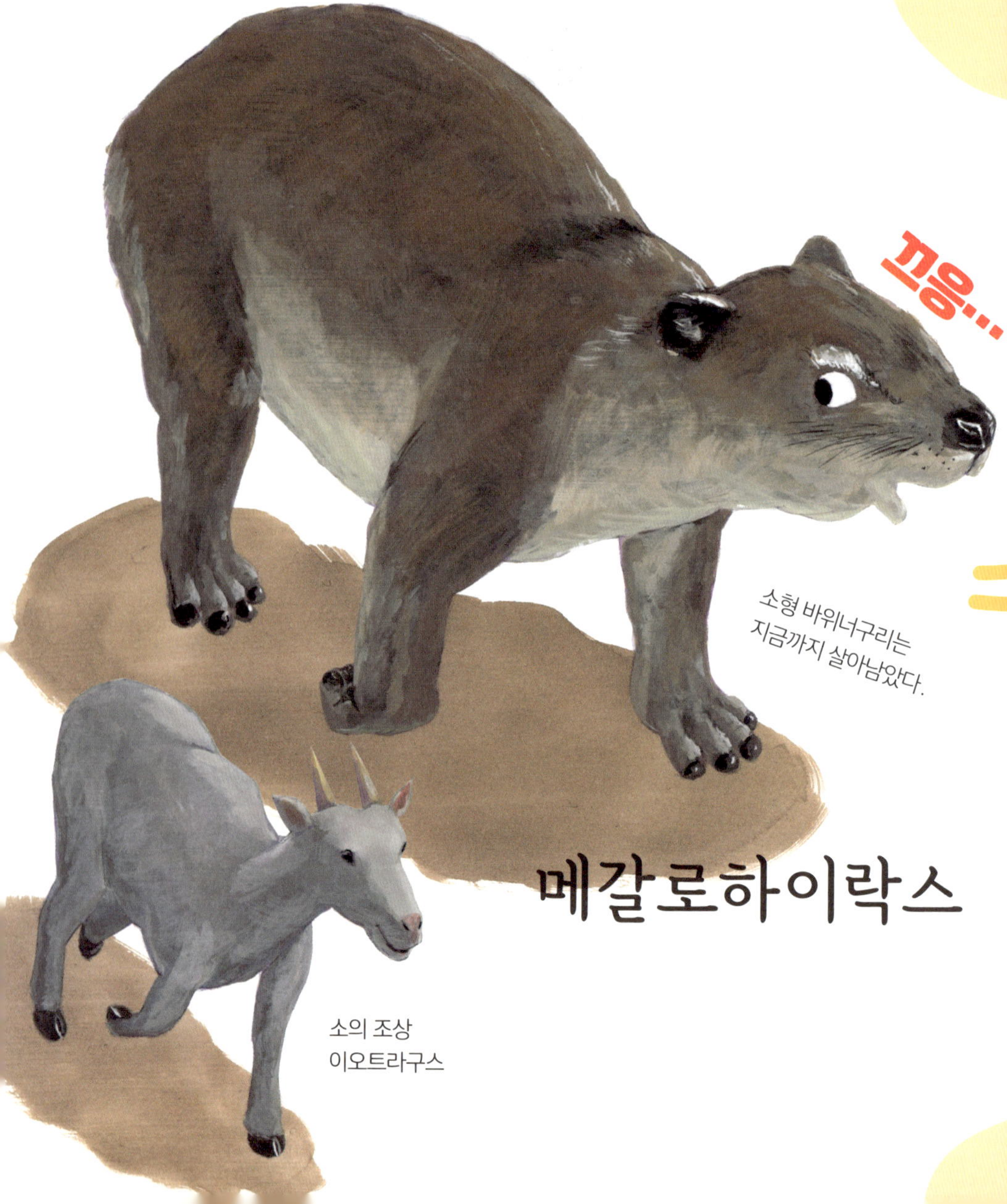
끄응…
소형 바위너구리는 지금까지 살아남았다.
메갈로하이락스
소의 조상 이오트라구스

메갈로하이락스 얘, 이오트라구스! 그거 풀인데… 먹어도 괜찮겠니?

이오트라구스 아무렇지도 않은데요. 언니도 드셔 보실래요? 맛있어요.

메 아니, 나는 야들야들한 나뭇잎이나 물풀을 좋아해서.

이 **아~ 언니는 이빨이 약하죠(웃음).** 고생이 많으시네요.

메 얘, 말조심해. 어차피 질긴 풀은 먹어 봐야 소화가 안 돼서 영양가도 없어!

이 네? 많은데요? **…아, 언니 혹시 '되새김질'을 못 하세요?**

메 되새김질? 그게 뭔데?

이 **한번 삼킨 풀을 위 안에서 발효시키고, 게워 낸 다음에 다시 씹어서 소화시키는 기술이에요.** 초식 동물한테는 기본인데?

메 그, 그런 건 내가 살던 시대에는 필요 없었어!

이 지금은 숲이 줄어들어서 초원이 대세라고요. 언니도 오래는 못 가겠네요(웃음).

이럴 걸 그랬어

나도 되새김질을 배워 둘 걸 그랬어….

멸종 시기	신제3기(마이오세 전기)
분류	포유류
크기	몸길이 2m
서식지	아프리카, 아라비아반도
먹이	나뭇잎, 물풀

고제3기의 아프리카에는 다양한 종류의 바위너구리가 살았다. 그중 메갈로하이락스는 눈에 띄게 거대한 바위너구리였다. 메갈로하이락스는 이빨이 얇았기 때문에 부드러운 식물로 배를 채우며 몸집을 키웠다. 그런데 신제3기에 접어들면서 질긴 풀을 효율적으로 먹을 줄 아는 소 무리가 나타났다. 초원이 넓어지면서 이들이 세력을 키우자 대형 바위너구리는 살 곳을 잃었을 것이다.

부드러운 부분을
노리고 달려드는
아노말로카리스
껍질(여기가 딱딱하다고 안심하는 중)
할키에리아

껍질이 너무 작아서 멸종

멸종 3분 요리

~맛있게 잡아먹히지 않으려면~

▶ 오늘 모실 분은 할키에리아 선생님입니다. 선생님, 오늘은 어떤 요리를 선보이실까요?

할 네~ 지금까지 생물은 모두 말랑말랑했습니다. **그래서 저는 몸에 딱딱한 껍질을 곁들여 봤습니다!**

▶ 그게 무슨 말씀이신지?

할 포식자가 사냥감을 먹을 때는 몸의 끝부분을 입으로 물어서 통째로 삼켜 버리잖아요? **그래서 저는 먼저 물리는 부분, 즉 몸의 끝부분을 단단한 껍질로 방어해서 먹을 수 없게 했습니다!**

▶ 그렇군요. 대단한 발명이네요.

할 그렇죠. 바깥쪽은 딱딱하고, 안쪽은 말랑말랑하고. 이 기가 막힌 균형으로 적의 식욕을 뚝 떨어뜨리는 거죠!

▶ 초대 손님으로 모신 아노말로카리스 님이 보시기엔 어떤가요?

아 **뭐, 끝부분이 아니라 가운데부터 먹으면 되지 않을까요?**

▶ 아, 그렇군요! 할키에리아 선생님, 어떻게 생각하십니까?

할 네… 네?!!!!!

멸종 시기	캄브리아기 중기
분류	정해지지 않음
크기	전체 길이 8cm
서식지	북유럽
먹이	진흙 속의 유기물

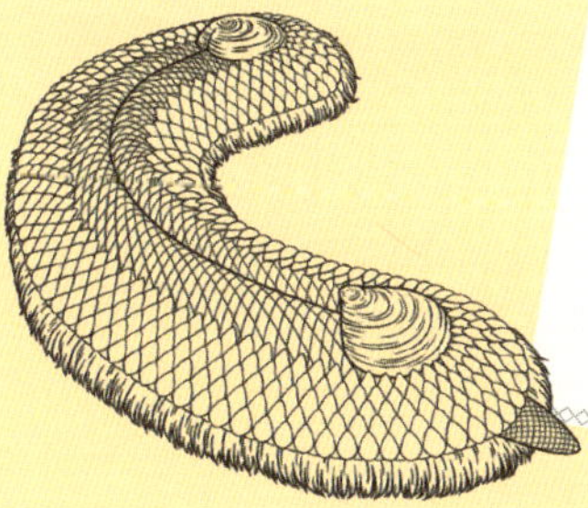

이럴 걸 그랬어

몸을 모두 숨길 수 있는 껍질을 만들어야 했습니다!

온몸이 작은 비늘로 뒤덮여 있으며 몸 앞뒤에 작은 껍질 두 장이 붙어 있었다. 당시의 포식자는 눈이 썩 좋지 않았기 때문에 몸의 끝부분만 지킨다는 전략이 효과적이었을 것이다. 그러나 시력이 뛰어난 포식자들이 생기면서 부드러운 부분이 공략 대상이 되고 점차 수가 줄어들었을 것이다. 분류는 아직 정해지지 않았으나 연체동물(조개), 환형동물(갯지렁이), 완족동물(개맛)에 가깝다는 이야기가 있다.

아사푸스 코발레브스키

부서지기 쉬워서 멸종

멸종위키

아사푸스 코발레브스키

기원전 4억 7000만 년경~기원전 4억 5800만 년경

유럽 지방의 삼엽충이다. 1만 종이 넘는 삼엽충 세계에서 '아사푸스'라는 그룹의 멤버로 활동했다. **두 눈이 위쪽으로 튀어나온 개성 있는 생김새 때문에 죽은 뒤에 큰 인기를 끌었다.**

●생애
평생을 해저에서 보냈다. 보통 진흙 속에서 나오지 않고 진흙에 들어 있는 영양분을 걸러 먹었다.

●삼엽충으로서의 업적
두 눈을 달팽이처럼 길게 뻗어서 진흙 속에서도 주변을 살피는 특기를 손에 넣었다. 그 전까지 보수적이었던 삼엽충 세계에 혁명을 일으켰다.

●마지막
튀어나온 눈은 유연하지 못했기 때문에 뚝뚝 꺾이면 시력을 잃었다. 시력을 잃은 뒤에는 쉽게 잡아먹혔다.

멸종 시기	오르도비스기 중기
분류	삼엽충류
크기	전체 길이 10cm
서식지	유럽
먹이	진흙 속의 유기물

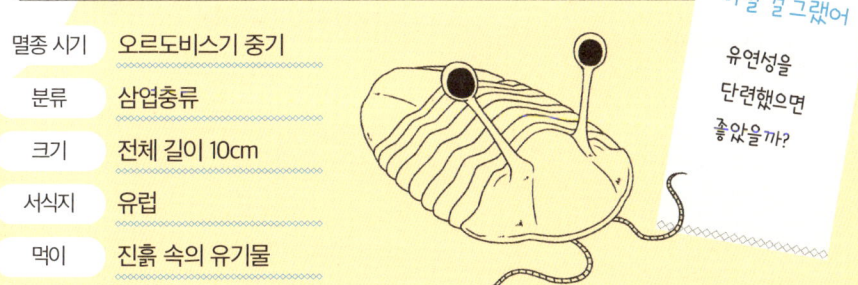

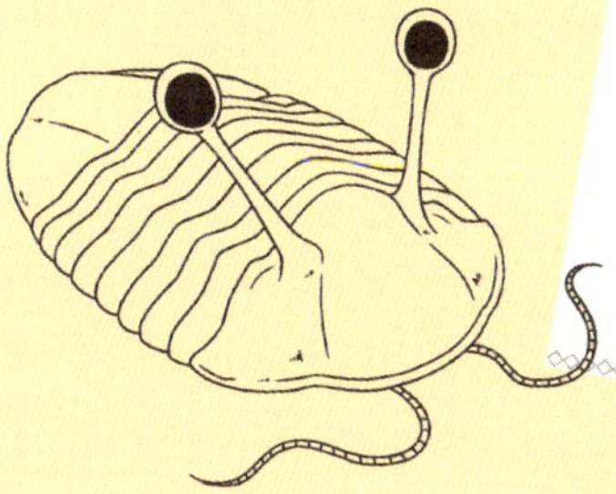

이럴 걸 그랬어

유연성을 단련했으면 좋았을까?

아사푸스 코발레브스키는 몸의 표면을 단단하게 만드는 데 성공한 삼엽충 중 하나로 별난 생김새 때문에 인기가 많다. 무척이나 긴 '눈자루' 끝에 눈이 달려서 진흙에 몸을 숨긴 채 주위를 둘러볼 수 있었을 것이다. 다만 눈자루의 표면이 단단해서 구부리거나 오므릴 수 없고 부러지기도 쉬웠을 것이다. 그 때문인지 긴 눈자루는 자손에게 전해지지 않은 채 멸종하고 말았다.

지렁이가 모자라서 멸종

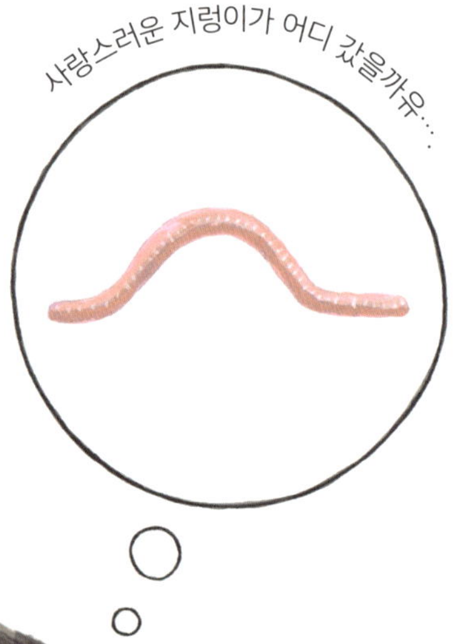
사랑스러운 지렁이가 어디 갔을까유…

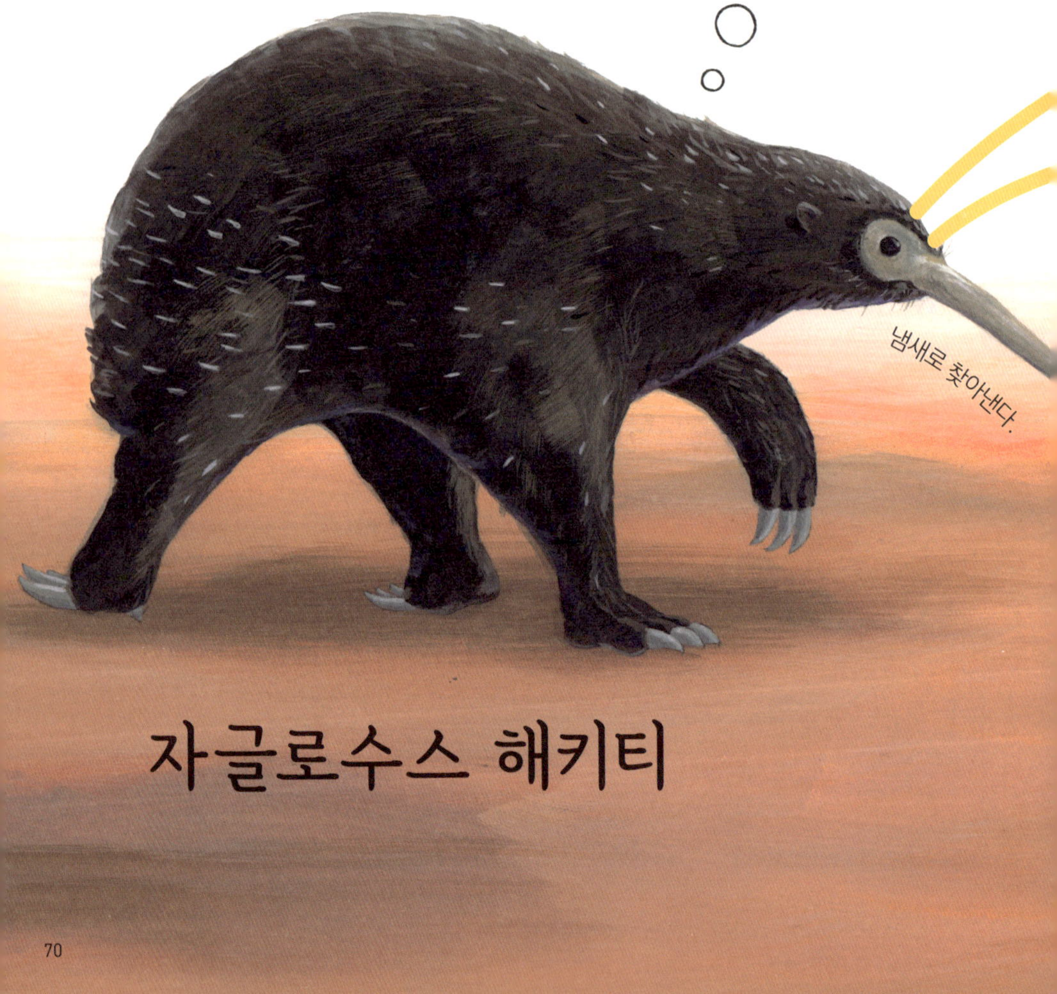
냄새로 찾아낸다.

자글로수스 해키티

저 기유~ 행복하게 살려면 뭐가 필요하다고 생각해유? 노력? 재능?

저는 환경이 가장 중요하다고 봐유. **환경만 딱 맞으면 암만 약해도 잘만 살아유.** 다 '운'이 좋아야 되는 거지만유~.

저는 축축한 땅에 사는 지렁이를 잡아먹고 살았어유. 그런데 여기 오스트레일리아 땅이 바싹 마르더니 주변이 온통 사막이 됐슈. 하루 종~일 땅을 파도 지렁이가 안 나와유~.

환경에 맞춰 보려고 노력도 했쥬. 덩치를 키워 봤어유. 컵에 뜨거운 물을 담아 봐유. 금방 식쥬~? 근데 욕조에 뜨거운 물을 채우면 잘 안 식어유. 몸도 클수록 열이 늦게 달아나니까 적게 먹어도 오래 버틸 수 있어서 그렇게 했던 거쥬~.

하지만 다 부질없었어유. **다리가 길어져서 빨리 걸을 수 있게 됐는디, 그보다 더 빠르게 사막이 넓어졌거든유. 그걸 어떻게 당해유.** 멸종했쥬, 뭐~.

멸종 시기	제4기(플라이스토세 말)
분류	포유류
크기	몸길이 90cm
서식지	오스트레일리아
먹이	지렁이, 풍뎅이의 애벌레

이럴 걸 그랬어

좀 더 골고루 먹을 줄 알았으면 살아날 길이 있었을지도 몰라유~.

대형견 정도로 컸던 가시두더지다. 지금도 뉴기니에 살고 있는 긴코가시두더지의 친척이다. 숲에서 땅을 헤집은 뒤 긴 주둥이로 지렁이를 잡아먹었다. 그런데 빙하기가 끝날 무렵, 오스트레일리아에 사막화가 진행되면서 숲이 줄어들기 시작했다. 자글로수스 해키티는 양분을 몸에 저장할 수 있게끔 몸집을 키우고 긴 다리를 이용해 숲에서 숲으로 이동했지만 지렁이가 살 수 있는 곳이 사라졌기 때문에 멸종했을 것이다.

크로노 사우루스

해저 화산이 폭발해서 멸종

자, 그럼 수업을 시작하겠습니다. **오늘 배울 부분은 '해저 산소 실종 사건'이에요.** 조금 어렵지만 순서대로 설명할 테니 잘 들어 보세요.

1. 1억 2000만 년 전에 해저 화산이 대폭발했다. 그 후 100만 년에 걸쳐 한국의 면적보다 53배나 넓은 땅에 마그마를 쏟아 냈다.
2. 화산이 폭발하면서 이산화 탄소가 엄청나게 쏟아져 나왔고, 지구가 더 워졌다.
3. 지구의 온도가 오르면서 북극과 남극의 바다가 미지근해졌다.
4. 미지근한 물은 가볍기 때문에 산소를 머금은 해수면의 물이 깊은 바다로 가라앉지 못했다.
5. 산소가 온 바다에 골고루 퍼지지 못하게 되었다. 이것이 바로 '해저 산소 실종 사건'이다!
6. 산소가 부족해지자 물고기와 플랑크톤이 죽고 말았다.
7. 폐로 호흡을 하던 크로노사우루스도 사냥감이 줄어들어 멸종했다.

자, 이게 바로 '나비 효과'와 어깨를 나란히 하는 '크로노사우루스 멸종 이론'이랍니다. 시험에 나오느냐고요? 안 나옵니다.

멸종 시기	백악기 전기
분류	파충류
크기	전체 길이 11m
서식지	오스트레일리아, 남아메리카
먹이	물고기, 바다거북, 다른 수장룡

이럴 걸 그랬어

세상일은 한 치 앞도 내다볼 수 없답니다. 꼭 명심하세요.

수장룡은 대부분 목이 길고 머리가 작지만, 목이 짧고 머리가 큰 무리도 있었다. 바로 커다란 입으로 큰 먹잇감을 사냥하던 플리오사우루스류다. 그중에서도 크로노사우루스는 덩치가 가장 컸으며 머리가 전체 길이의 3분의 1이나 될 정도로 컸다. 크로노사우루스는 백악기 전기의 바다에서 적수를 찾아볼 수 없는 동물이었지만 해저 화산이 대폭발을 거듭하면서 큰 먹잇감이 줄어들자 멸종하고 만 듯하다.

코가 짧아서 멸종

재미있게 배워 보자!

으흐흥~ 오늘도 즐겁게 시조를 읊어 볼까나?

오늘의 주제는 '코'야! 코가 긴 동물은? 바로 바로 코끼리!

그런데 코끼리의 코는 왜 길어졌을까?

서서 물을 마시기 위해서지. 몸을 웅크리며 물을 마시면 육식 동물에게 공격당하기 딱 좋을 테니까.

그런데 나는? 코끼리의 친척인데도 코가 짧지? 얕은 물가에서 물풀을 뜯어 먹고 살았기 때문이야. **물속에서 늘 지내다 보니 코를 늘일 필요가 없었거든.** 자, 그럼 여기서 시조 한 수.

물과 풀이 천년만년
있을 거라 생각 마라
대륙이 이동하며
없어지고 말았으니

대륙이 움직일 줄이야. 바다가 가로막혀서 물가가 바짝 마를 줄이야.

그걸 난들 어찌 알았겠어~.

멸종 시기	고제3기(올리고세 전기)
분류	포유류
크기	어깨까지의 높이 60cm
서식지	북아프리카
먹이	물풀

이럴 걸 그랬어

지금의 현실에
안주하지 말고
코를 늘였어야
했어.

메리테리움은 물가에 살던 초기 코끼리 중에서도 특이하게 생긴 편으로, 다리가 짧고 몸통이 이상할 정도로 길었다. 아마도 대부분의 시간을 물에 잠긴 채 보내느라 네 발로 돌아다닐 일이 별로 없었기 때문일 것이다. 그래서 기후가 건조해지고 물가가 줄어든 뒤에도 뭍으로 올라오기 어려웠을 것이다. 이 시대에 코를 늘이고 몸집을 키운 대부분의 코끼리들이 물가를 벗어나 번성한 것과는 완전히 반대된다.

오직 하나뿐인 도롱뇽

뇽! 뇽! 뇽! 일본장수도롱뇽!
우리 조상님은 대형 양서류
1억 6000만 년 전에 태어났지
지금은 서일본에만 산다 뇽뇽뇽!

뇽! 뇽! 뇽! 공~룡!
우리 조상님과 공룡은 동년배
양서류는 뒤처졌다? 상관없지
나만의 길 걸어간다 뇽뇽뇽!

뇽! 뇽! 뇽! 어디든 갔다뇽!
내 구역은 아시아뿐만이 아니야
북아메리카 남아메리카 유럽까지
전 세계가 내 거였다 뇽뇽뇽!

뇽! 뇽! 뇽! 이제 몰락했다뇽!
우린 오직 하나뿐인 도롱뇽
커다란 몸으로 강바닥을 누비지
우린 오직 하나뿐인 도롱뇽

뇽! 뇽! 뇽! 넌 살아남았다뇽!
큰 물고기 없는 곳에 산단 이유로
그런 네게 전해지길 바란다뇽
숨죽인 나의 마음속 외침이!

일본장수도롱뇽

분류	양서류
크기	전체 길이 1.5m
서식지	일본 남서부
먹이	물고기, 갑각류
살아 있는 화석 등급	★★☆

3

사람 탓에 멸종

사람은 제멋대로야, 억울해!

사람으로 살다 보면
다른 생물을 멸종시키기도 합니다.
슬프지만 우리는 분명히
알고 있어야 합니다.

사람이 멸종을 일으키기도 합니다

1 무슨 일이 일어날지 몰랐기 때문에

사람이 일부러 생물을 멸종시키는 경우는 거의 없습니다.
대부분의 멸종은 '몰랐기 때문'에 벌어집니다.

◎ 숲을 개척해서 밭으로 만들었더니 살 곳을 잃은 생물이 사라졌다.
◎ 배를 채우기 위해 사냥하다 보니 어느새 생물의 수가 줄어들었다.
◎ 무심코 들인 외래종 생물이 섬의 생물을 모조리 잡아먹었다.

이런 식으로 우리의 행동이 어떤 결과를 불러일으킬지 모른 채 다른 생물을 멸종시킨 경우가 있습니다.

무서운 일이지만
이건 '알면' 막을 수 있는 멸종이랍니다.

이 장에서는 사람의 행동 때문에 멸종한 생물들을 소개합니다.
알고 나면 사람에게 실망하거나 가슴이 아파질지도 모르는 이야기들입니다.
하지만 조금만 생각해 보세요. 사람은 왜 다른 생물을 멸종시킨 걸까요?
그 이유는 크게 두 가지로 나눌 수 있습니다.

2 알고는 있지만 멈출 수 없었기 때문에

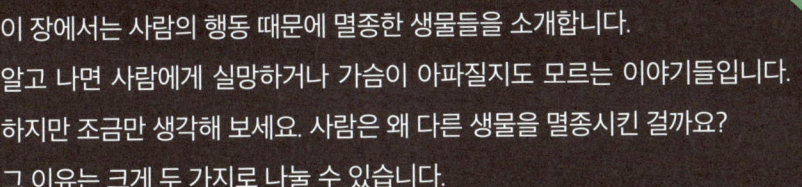

물론 모든 멸종이
'몰랐기 때문'에 벌어진 건 아닙니다.

◎ 희귀한 생물이 사는 강에 댐을 지었다.
◎ 희귀한 생물을 비싸게 팔려고 밀렵을 했다.
◎ 가축에 해로운 동물을 모두 없앴다.

이처럼 다른 생물이 멸종할 수 있는데도
사람의 풍요로운 생활을 먼저 생각하기도 합니다.

**이건 알면서도 막기 어려운 멸종입니다.
하지만 좀 더 나은 방법을 찾는다면
반드시 줄일 수 있습니다.**

돼지에게 알을 빼앗겨 멸종

뭐든 먹어 치우는 돼지

타히티도요

네 개의 알을 낳는다.

어머, 어디 갔을까. 알이 모두 사라졌어! 뭐라고요? 독립이요? 낳은 지 이틀밖에 안 됐는데요?

돼지 씨, 댁이 알을 먹어 버린 거죠? 적당히 좀 하세요. 댁이 이 섬에 찾아온 뒤로는 하루도 편히 넘어간 날이 없어요.

그 전까지는 느긋하게 게나 잡아먹으며 살고 있었다고요. 우리를 잡아먹는 천적도 없고, 땅바닥에 알을 낳아도 누구 하나 집어 가지 않았단 말예요.

쿡 선장이라고 했나요? 그 사람이 "다음에 와서 잡아먹어야지♪" 하고 섬에 댁을 풀어놓은 게 문제였어요. 돼지는 자기 나라에서 먹으면 될 텐데! **'자기가 가져온 건 자기가 가지고 돌아가라', 이건 기본적인 규칙 아녜요?**

그리고 돼지 씨, 지금이야 태평하게 지내고 있죠? **다음번에는 당신이 사람들의 식탁에 오를 거니까 각오하세요! 흥!**

멸종 시기	1777년
분류	조류
크기	전체 길이 15cm
서식지	타히티섬
먹이	갑각류, 갯지렁이

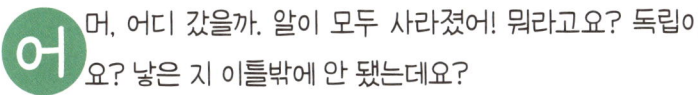

타히티도요는 남태평양의 타히티섬에서 살고 있었다. 타히티섬은 대륙에서 멀리 떨어져 있었기 때문에 천적인 육상 포유류나 맹금류가 없었다. 그런데 1768년에 이 섬이 영국인들에게 '발견'되면서 돼지가 들어왔다. 돼지는 타히티도요를 공격하지는 않았지만 타히티도요가 땅바닥에 지은 둥지 속 알을 모조리 먹어 치웠다. 이 때문에 타히티도요는 섬이 발견된 지 10년도 지나기 전에 멸종하고 말았다.

고향으로 돌아가지 못해서 멸종

안녕? 아저씨는 지금 집으로 돌아가는 길이야. 역시 태어난 고향이 최고지. 크하하!

어이쿠? 뭐야, 벽이잖아? 여보슈~ 이 벽은 뭐요? 지나갈 수가 없잖슈~!

제길, 사람 놈들이 또 댐을 지어 놨구먼! 이걸 어쩌면 좋나. 아저씨랑 친구들은 모두 강의 상류에서 태어나거

중국주걱철갑상어

든. 그리고 하류로 내려와서 지내다가 다 큰 어른이 되면 다시 위쪽으로 돌아가 알을 낳지. **그런데 이래서야 고향으로 돌아갈 수가 있나!**

에잇! 더러운 물을 강으로 흘려보내 못살게 굴지를 않나, 물고기를 마구 잡아가서 우리를 쫄쫄 굶게 하지를 않나. **사람 놈들은 죄다 쓸데없는 짓만 하고 다닌다니까!** 철갑상어 노릇도 못해 먹겠어. 때려치워! 다 때려치우라고!

멸종 시기	2005~2010년
분류	경골어류
크기	전체 길이 7m
서식지	중국
먹이	갑각류, 물고기

이럴 걸 그랬어

우리가 할 수 있는 게 뭐가 있었겠어? 쳇.

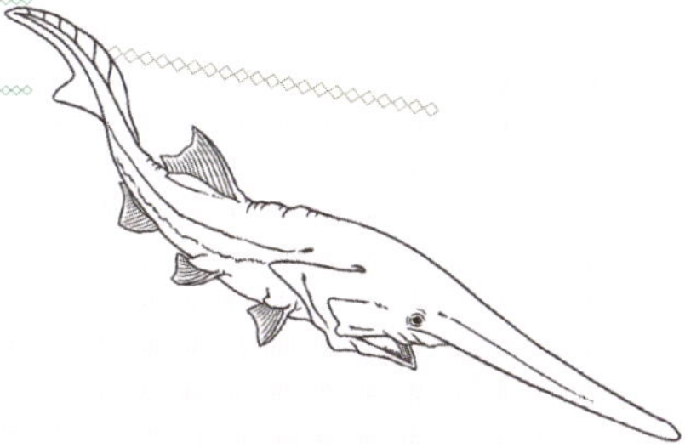

중국 양쯔강에서만 살던 세계 최대급의 민물고기다. 긴 코끝에 달린 감각 기관으로 사냥감이 내뿜는 약한 전기를 감지해 잡아먹었다. 강 상류에서 태어나 성장하면서 폭이 넓은 하류로 이동했다가 알을 낳을 때 다시 상류로 올라갔다. 그런데 1970년 이후 양쯔강에는 수력 발전용 댐이 여럿 지어졌고, 중국주걱철갑상어는 모두 알을 낳지 못한 채 늙어 죽고 말았다.

※중국주걱철갑상어를 포함한 주걱철갑상어과 전체의 서식 연대

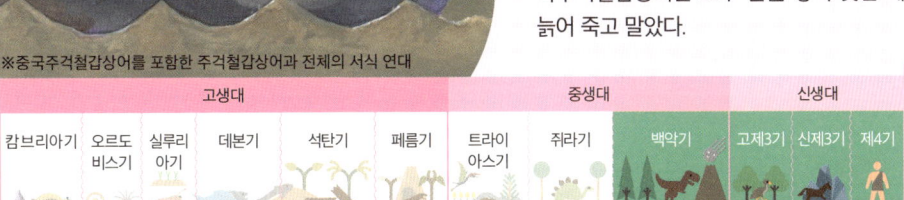

포클랜드 제도는
남극과 가까워서 엄청 춥다.

포클랜드늑대 괜한 오해를 사서 멸종

양

늑대 어, 양이네. 안녕?

양 **끼… 끼야아악! 늑대다! 늑대가 나타났다!**

늑대 아니, 왜 그렇게 놀라?

양 빨리 도망쳐야 해! 잡아먹히겠어!

늑대 **잡아먹긴 누가 잡아먹어? 나는 기껏해야 펭귄만 한 물새만 먹고 사는데?**

양 거짓말 마! 사람들이 늑대는 양을 잡아먹으니까 없애 버려야 한다고 그랬단 말야!

늑대 **엥? 혹시 북반구에 사는 회색늑대랑 착각한 거 아냐?** 나는 달라! 나는 남아메리카 덤불개의 친척인데….

양 어푸푸◎%▲$☆#…!

늑대 아이고, 늪에 빠졌네!

양 살려 주세요! 늑대한테 잡아먹히겠어요! 사람니이이이임!

늑대 아이참, 아니라니까 자꾸 그러네!

이럴 걸 그랬어

멸종 시기	1876년
분류	포유류
크기	몸길이 1m
서식지	포클랜드 제도
먹이	펭귄, 고래의 사체, 곤충

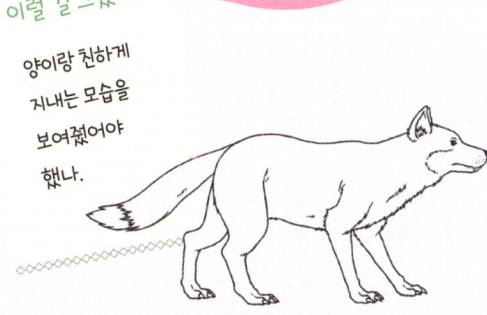

양이랑 친하게 지내는 모습을 보여줬어야 했나.

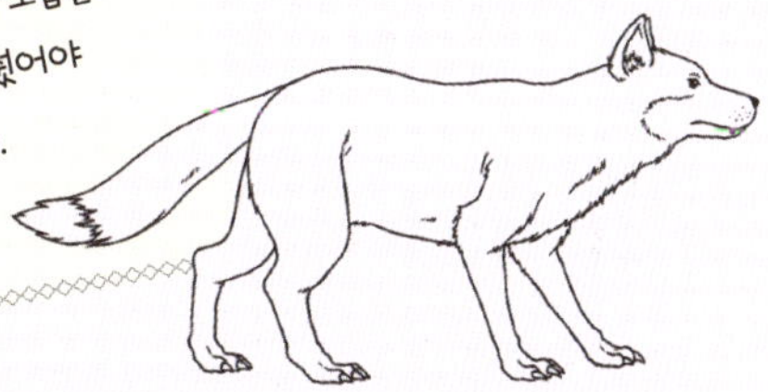

남아메리카 남단에 자리한 포클랜드 제도에 살던 유일한 육상 포유류다. 18세기에 사람이 이주하기 전까지만 해도 섬에서는 적수를 찾아볼 수 없었다. 그 때문에 경계심이 부족해서 대놓고 사람의 음식을 훔쳐 먹으려다 몽둥이찜질을 당하고 가죽은 벗겨져서 모피로 쓰였다. 가축을 풀어놓고 기르기 시작한 이주민들은 포클랜드늑대가 양을 잡아먹는다고 오해해 독이 든 먹이까지 써서 없애려 했고, 끝내는 멸종시켰다.

뱀이 쳐들어와서 멸종

괌섬에서만 사는 새는 괌딱새뿐이었다.

저기… 왜 그렇게 쳐다보세요? 저는 괌딱새예요. 괌에 사는 딱새라서 붙은 이름이에요.

아~ 절 보신 게 아니라고요? 뱀? 아하, 갈색나무뱀! 이름만 들어도 딱 갈색이겠구나 싶은 그 녀석 말이죠? 그 뱀이 왜요?

엄마한테 들은 얘긴데요, 그 뱀은 조심해야 된대요. 사람의 짐에 섞여서 섬으로 들어왔는데, **나무 위에 숨어 있다가 저처럼 작은 새를 잡아먹는대요!**

… 네? 빨리 눈치 좀 채라고요? 글쎄, **그 뱀이 나뭇가지하고 무늬가 똑같아서 알아차리기가 무척 힘들다니까요?** 천적도 없고 자꾸 늘어나기만 해서 참 골칫거리래요!

… 네? 위험하다고요? 그럼요, 위험하죠! 그 뱀 때문에 이 섬에 있던 새 열두 종류 중에서 열 종류나 없어졌대요! **그쪽도 조심하세요… 꺄아악!**

멸종 시기	1983년
분류	조류
크기	전체 길이 13cm
서식지	괌섬
먹이	곤충

이럴 걸 그랬어

좀 더 주변을 잘 살필 걸 그랬어요.

마리아나 제도의 괌섬에서만 살던 고유종*이다. 괌섬에는 뱀이 살고 있지 않았지만 1950년 무렵 갈색나무뱀이 배에 실린 짐 속에 섞여 섬으로 들어왔다. 이 뱀은 갈색 몸을 이용해 나무 껍질인 척 위장하고 있다가 새가 날아오면 덮쳐서 잡아먹었다. 섬의 새들은 이러한 포식자에 대한 경계심이 없었기 때문에 차례차례 모습을 감췄다. 그중에도 고유종이었던 괌딱새는 지구상에서 영영 사라지고 말았다. (*특정 지역에서만 사는 생물종을 말한다.)

카지노가 생겨서 멸종

이곳은 욕망이 소용돌이치는 거리, 라스베이거스. 아… 안녕하시오. 나는 한때 이 근방을 주름잡던 라스베이거스표범개구리라 하오.

이 사진은 내가 한창 잘나가던 시절에 찍은 것이오. 지금과는 딴판이라고 하셨소? 맞소. 여기는 원래 사막에 있는 작은 오아시스였고, 수많은 친구들이 살고 있었소.

그런데 **사람 녀석들이 와서는 느닷없이 이곳에 카지노를 만들겠다고 했소.** 그들은 도시를 세우겠다며 우리가 살던 연못에서 물을 엄청나게 끌어 썼소. 샘은 바짝 말랐고, 더러운 물이 개울로 줄줄 흘러들었다오.

번쩍번쩍 빛나는 카지노 호텔이 들어섰을 무렵, 내 친구들은 온데간데없이 사라졌소. 아… 우리는 살 곳을 잃고 욕망의 바다에 삼켜지고 말았다오.

라스베이거스표범개구리

멸종 시기	1942년
분류	양서류
크기	몸길이 6cm
서식지	미국 서부
먹이	곤충

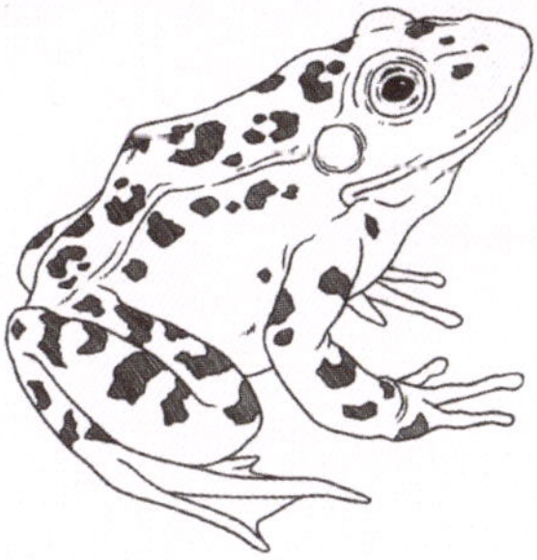

이럴 걸 그랬어

사람의 욕심은 끝을 알 수 없소. 아무도 막지 못한다오….

미국 네바다주 라스베이거스 주변의 물가에서 살던 개구리다. 라스베이거스에는 사막 지역에서 보기 드문 오아시스가 있어서 도로와 철도가 깔리고 인구가 점차 늘어났다. 이 때문에 라스베이거스표범개구리가 살던 물가는 심하게 더러워졌다. 또한, 이주민들이 자연에 풀어놓은 황소개구리와 무지개송어에게 잡아먹혀서 1942년에 마지막으로 잡힌 뒤 영영 모습을 감췄다.

캐롤라이나 앵무

과일을 너무 좋아해서 멸종

안녕하세요! 아이돌 그룹 '캐롤라이나★앵무'입니다! **갑작스럽게 이런 말씀을 드려서 죄송하지만… 저희는 이제 해체합니다!**

저희는 550만 년 전에 남아메리카에서 북아메리카로 넘어왔어요. 처음에는 이렇게 추운 곳에 과일이 있을까 싶어서 불안했답니다. 그래도 북아메리카 이곳저곳을 돌아다니며 과일을 먹고 이렇게 큰 그룹이 될 수 있었어요. 여러분, 정말로 감사드려요!

그런데… **사람들이 북아메리카로 온 뒤부터는 숲이 줄어들었어요.** 그래서 무대를 과수원으로 옮겨 열심히 활동했죠. 과수원 과일♡ 모두 내 거야, 내 거야~♬ 그런데 사람들이 화가 나서 총을 쏘아 대더라고요? 멤버들은 총에 맞고 점점 줄어들어서… **안타깝지만 더 이상은 활동할 수 없게 되었답니다.**

언젠가 멤버들 모두와 사이좋게 과일을 먹을 날이 오면 좋겠어요!

이럴 걸 그랬어

멸종 시기	1918년
분류	조류
크기	전체 길이 35cm
서식지	북아메리카
먹이	과일

앵무새 무리는 과일이 많은 따뜻한 지역에서 산다. 그런데 캐롤라이나앵무는 빙하기에 남아메리카에서 북아메리카로 이주해 살았다. 북아메리카는 서늘해서 과일이 많지 않았지만, 먹이를 두고 다툴 다른 앵무새가 없어 먹이를 충분히 구할 수 있었다. 그런데 이주민들이 늘어나자 과일이 풍부한 숲이 점차 사라졌다. 어쩔 수 없이 과수원을 찾은 캐롤라이나앵무는 과일에 해가 된다는 이유로 사냥을 당했고, 끝내는 멸종하고 말았다.

해변에서 자다가 멸종

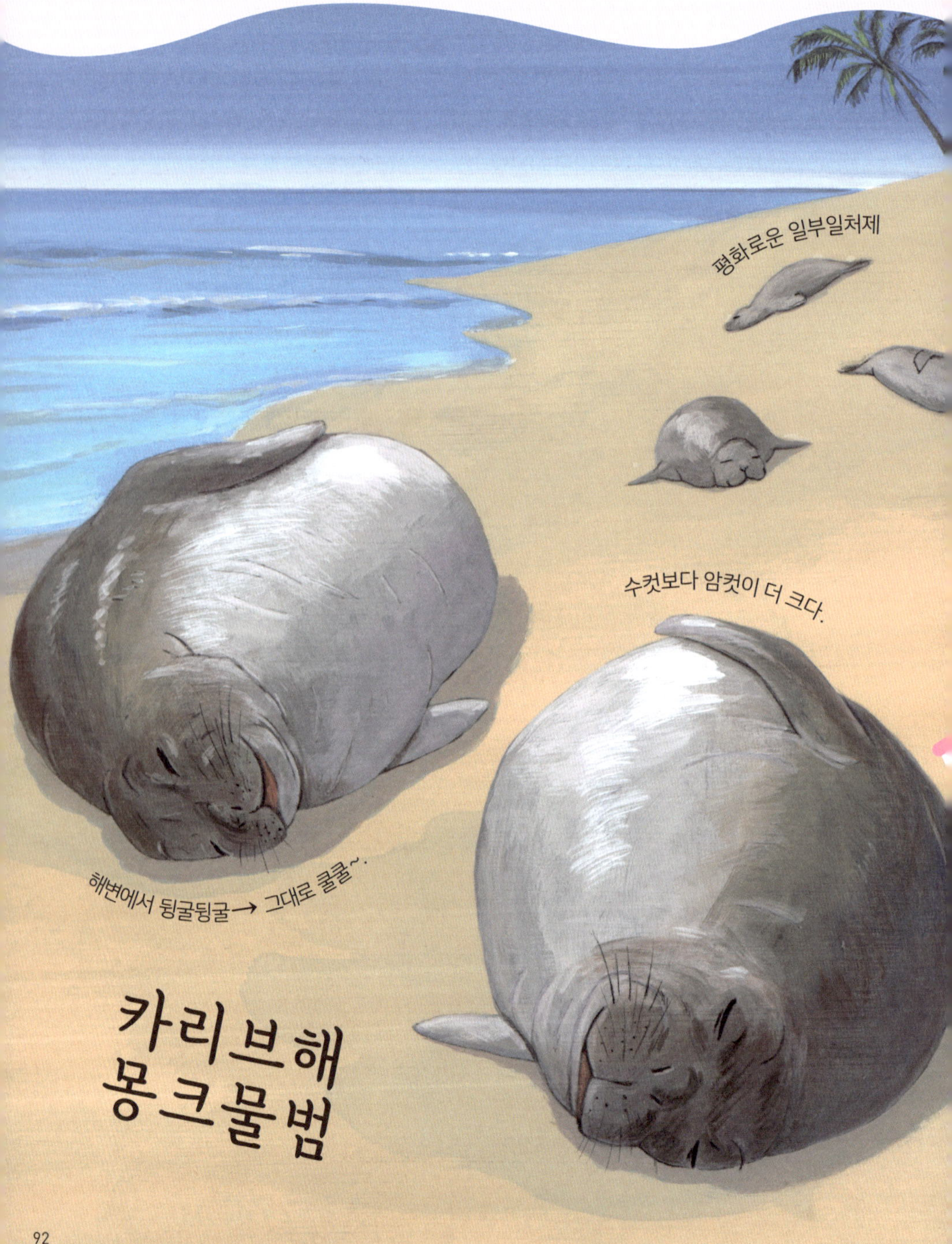
평화로운 일부일처제
수컷보다 암컷이 더 크다.
해변에서 뒹굴뒹굴→ 그대로 쿨쿨~.

카리브해 몽크물범

아~ 뜨뜻하니 좋다….

웅, 자기랑 해변에서 뒹굴뒹굴~ 너무 좋당~.

역시 바다에서 오들오들 떤 날은 따끈한 모래가 최고야.

그러게. 우리는 털이 가늘어서 추위엔 젬병이니까.

그래도 우린 나은 편이야. 찬 바다에서 사는 물범들은 훨씬 더 힘들다더라. 잠도 바다에 둥둥 뜬 채로 자야 하고. 암컷을 빼앗으려고 수컷끼리 아웅다웅 얼마나 싸우는지….

왜들 그런대? 우린 정말 사이가 좋은데~.

그러게 말이야. 아으~ 뜨뜻해라….

근데, 자기야. 요즘 이 근처에서 사람이 나타난대.

응? 사람들이 뭐 하러?

그러게. 괜히 와서는 몽둥이로 우리 친구들을 마구 때린다나 봐.

그러면 위험한데….

그리고 우리 몸에서 기름을 짜서 램프에 불을 붙인대.

큰일이네. 바다로 도망쳐야 되나?

음~ 그거는… 내일 생각할까?

음… 그럴까? (뒹굴뒹굴)

멸종 시기	1952년
분류	포유류
크기	전체 길이 2.2m
서식지	카리브해 연안
먹이	물고기, 오징어

물범은 먹이가 풍부한 차가운 바다에 많은데 카리브해몽크물범은 유달리 따뜻한 바다에 살았다. 몸에 지방이 적고 털의 밀도가 낮아 추위에 약한 카리브해몽크물범에게 딱 맞는 환경이었다. 카리브해의 섬들에는 이들을 잡아먹을 만한 대형 포식자도 없었다. 그때 사람이 나타났다. 아무런 경계심 없이 누워서 잠을 자던 카리브해몽크물범들은 이들로부터 얼마 되지 않는 지방을 얻으려던 사람들에게 사냥당해 멸종했다.

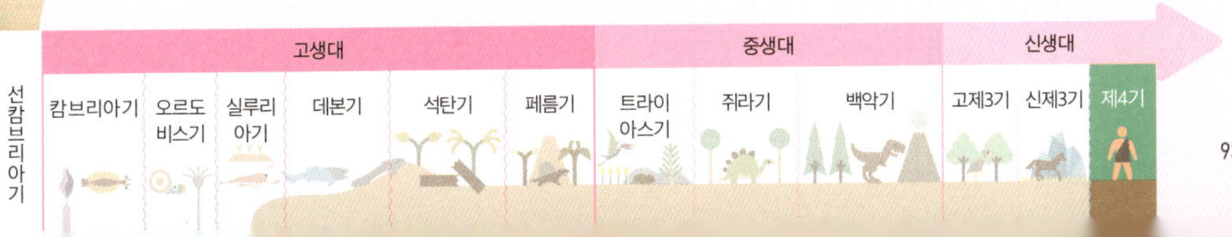

너무 까다로워서 멸종

극락앵무

남편 어때, 어때?

아내 음, 꽤 괜찮은데? 안쪽이 널찍한 게 마음에 들어. 90점!

남편 그렇지? 이렇게 큰 흰개미 둥지를 찾기가 쉽지 않더라고.

아내 고생했어, 여보~. 이 정도면 알을 한 번에 다섯 개를 낳아도 거뜬하겠어. **역시 알은 흰개미 둥지에 낳아야 해!** 우리 아이들도 둥지에 얹혀사는 나방 애벌레를 무척 좋아하니까.

남편 맞아. 여길 보니까 다른 곳에는 도저히 아이들을 못 놔두겠더라고.

아내 그러고 보니 풀은? 주변에 좀 있었어?

남편 당연히 다 확인했지!

아내 잘했어, 여보~. **우리는 풀의 씨앗만 먹으니까 꼭꼭 확인해야지.**

남편 그런데 큰일이야. 얼마 전부터 사람이 가축을 풀어놓고 기르는 바람에 풀이 많이 줄어들었어. 우리가 아름답다면서 잡아다가 반려동물 삼겠다는 녀석도 있대.

아내 잡아서 뭘 하려고? **우리의 까다로운 취향을 이해할 리도 없으면서?**

이럴 걸 그랬어

좀 더 수더분하게 살았으면 좋았을까?

멸종 시기	1927년
분류	조류
크기	전체 길이 30cm
서식지	오스트레일리아 동부
먹이	풀의 씨앗

1844년에 처음으로 발견되었다. 이때부터 사람들은 아름다운 극락앵무를 반려동물로 기르기 위해 마구 잡아들였고, 특히 1880년대 영국의 부자들 사이에서 큰 인기를 끌었다. 극락앵무는 흰개미 둥지를 파서 알을 낳는데, 새끼들은 그곳에서 나방의 애벌레를 먹으며 자랐다. 부모 새들은 풀의 씨앗밖에 먹지 않는 등 식성이 까다로웠다. 그래서 사람의 손에 키워지더라도 오래 살지 못했고, 인공 번식에도 실패해서 멸종하고 말았다.

섬이 개발되어서 멸종

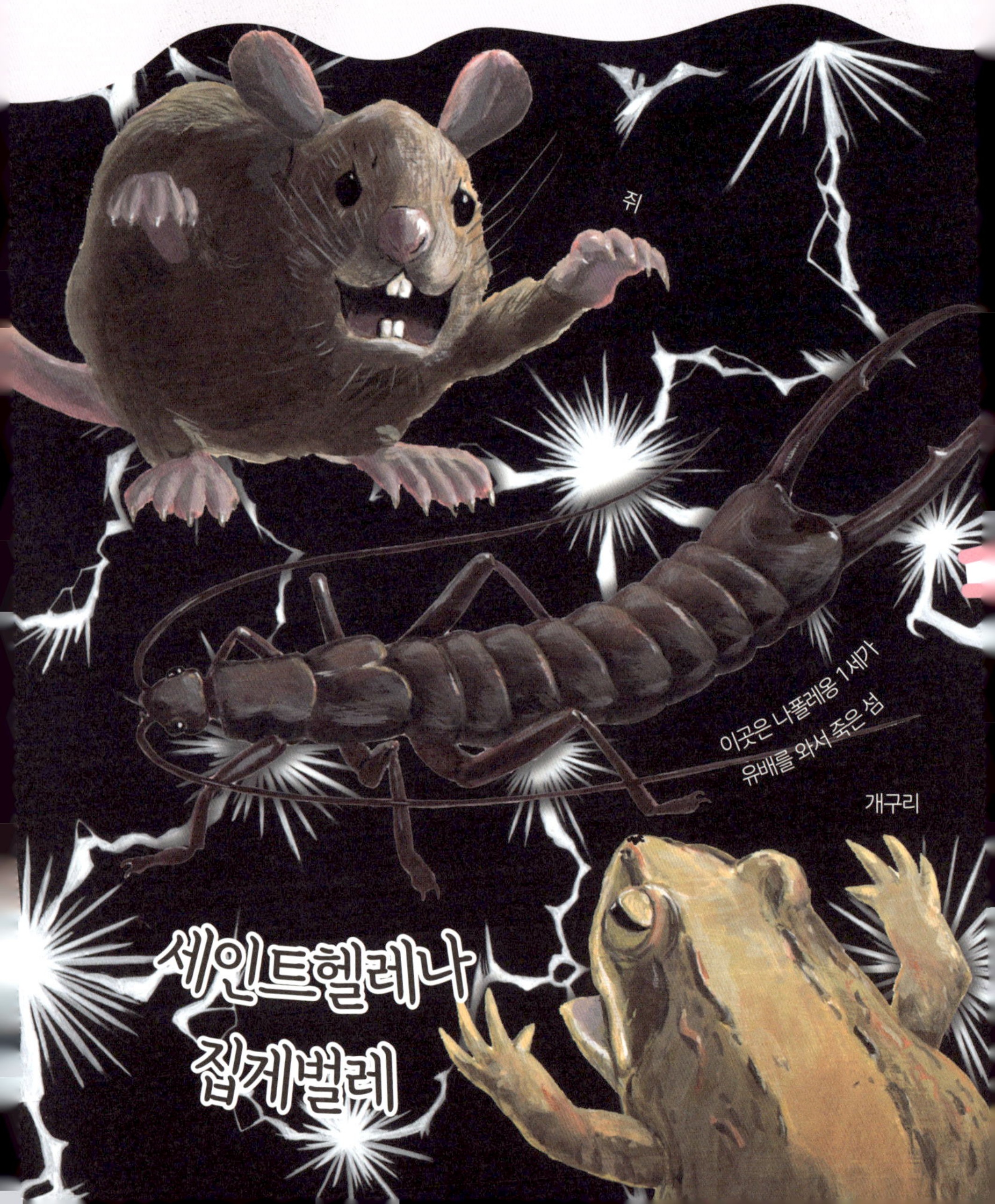
쥐
이곳은 나폴레옹 1세가
유배를 와서 죽은 섬
개구리
세인트헬레나
집게벌레

이봐, 쥐 씨. 이 벌레는 내가 찜했어.

아니, 개구리 씨. 내가 먼저 봤어.

그렇다면….

퀴즈로 승부를 보자!

그럼 문제! 아프리카 서해안에서 1930킬로미터 떨어진 이 외딴섬의 이름은….

세인트헬레나섬!

인데~ 1502년까지 무인도였지만 나무와 물이 풍부해서….

배에 물이나 음식을 보충하기 위한 기지가 세워졌다!

그래서, 1814년에 3507명이었던 인구가 1901년에는….

9850명까지 늘어났다!

그리고, 1874년에 시작돼 인구를 크게 늘린 산업은….

'아마'* 농사!

(*아마: 아마과의 한해살이풀로, 씨앗으로는 기름을 짜내고 껍질은 천의 재료로 쓰인다.)

인데~ 그 때문에 숲이 줄어들고, 바닷새가 사라지고, 우리 같은 외래종 생물이 섬에 찾아온 결과….

멸종한 게 바로 접니다.

쩝….

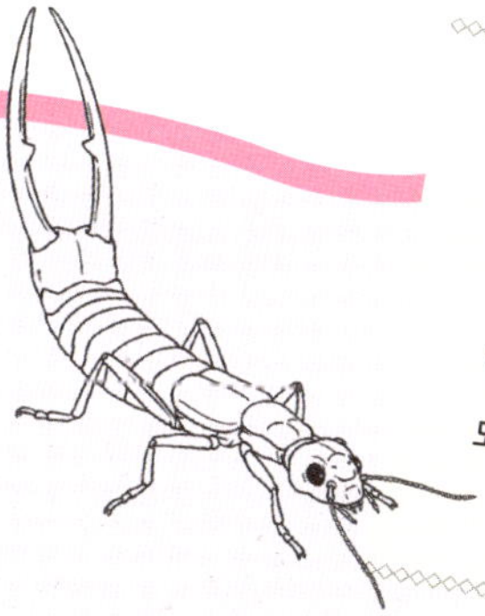

이럴 걸 그랬어

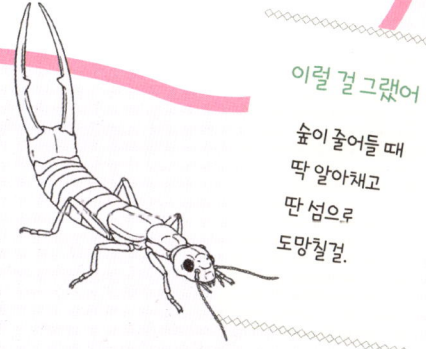

숲이 줄어들 때 딱 알아채고 딴 섬으로 도망칠걸.

멸종 시기	1967년
분류	곤충류
크기	몸길이 8.4cm
서식지	세인트헬레나섬
먹이	곤충, 바닷새의 똥이나 깃털

세계에서 가장 컸던 집게벌레로 크기는 왕사마귀 정도였다. 집게벌레는 멀리 날지 못하므로 썩은 나무와 함께 섬으로 떠내려온 집게벌레의 조상이 천적이 없는 환경에서 거대해졌을 가능성이 높다. 하지만 섬으로 이주한 사람들이 섬유의 재료로 쓰거나 기름을 짜내기 위해 아마 농사를 시작하자 섬의 환경이 크게 바뀌었다. 그 결과, 이들이 살던 고무나무 숲과 바닷새의 번식지가 파괴되면서 멸종하고 말았다.

독수리와 비슷해서 멸종

사람들아~ 나는 멕시코의 과달루페섬에 사는 카라카라라고 한다.

오늘 나는 너희에게 알려 주려 한다. 나 카라카라는 매의 친척이지만 빠르게 날지는 못한다는 걸! 그리고 동물의 사체나 살아 있는 작은 동물만 먹는다는 걸! **염소는 너무 커서 못 먹는다!**

이곳은 평화로운 섬이었다. 하지만 사람이 찾아오면 세상이 바뀌는 법! 잠깐 마을 위를 날아 볼 테니 잘 보길.

“꺄악!” “꺄악!” “꺄악!” “도, 독수리다!”

내가 독수리인 줄 알고 새끼 염소를 잡아먹는다며 난리를 피우는 꼴이라니. 어쩜 이렇게 보는 눈이 없는지. 생각이 짧아도 너무 짧다! 총으로 쏘는 것도 모자라 독이 든 먹이까지 뿌려서 나를 멸종시키다니….

아, 사람들아~ 나는 너희가 밉다!

이럴 걸 그랬어

섬이 아니라 대륙에서 살 걸 그랬나 보다.

멸종 시기	1900년
분류	조류
크기	전체 길이 50cm
서식지	과달루페섬
먹이	동물의 사체, 곤충, 도마뱀

멕시코의 과달루페섬에서만 살던 매의 친척으로 사체를 즐겨 먹으며 덩치를 키웠다. 독수리와 매는 모두 맹금류지만 조상은 다르다. 그런데 섬으로 이주한 사람들의 눈에는 커다란 카라카라가 독수리처럼 보였던 모양이다. 사람들은 카라카라가 소중한 가축인 새끼 염소를 공격하지는 않을까 의심했고, 독약이나 총을 써서 잡아 죽였다. 결국 카라카라는 사람이 찾아온 지 약 200년 만에 멸종했다.

강을 정비해서 멸종

일본수달

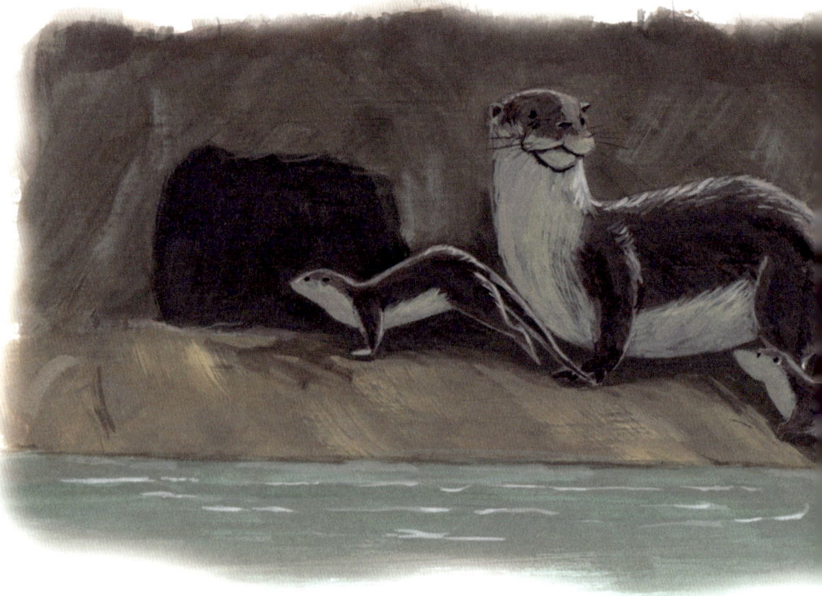

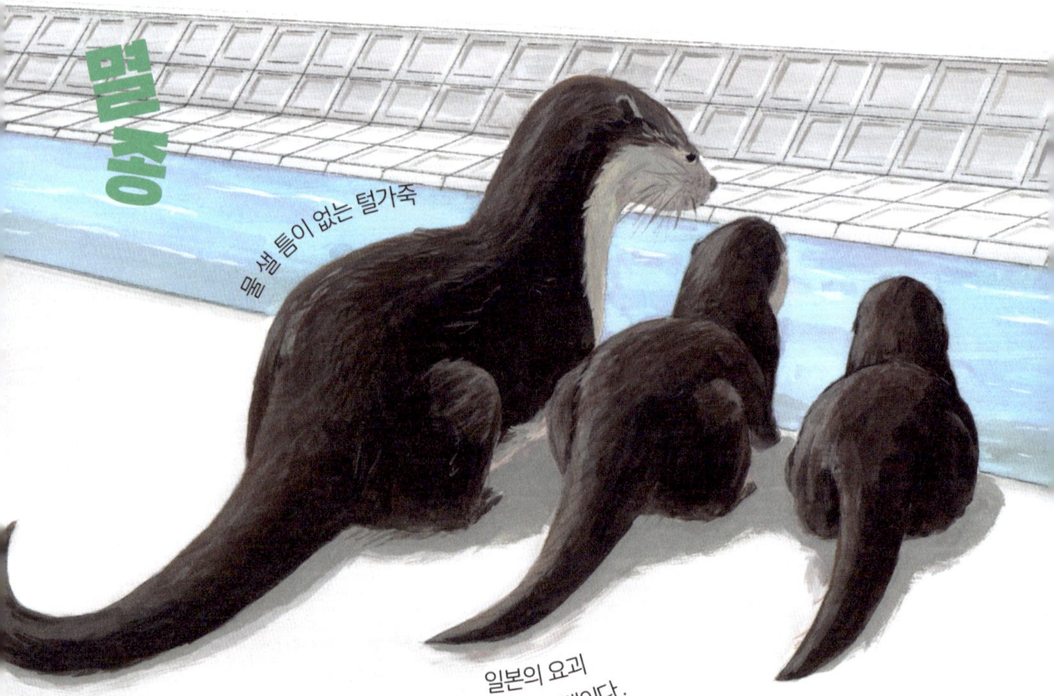
물 샐 틈이 없는 털가죽
일본의 요괴
'갓파'의 모델이다.

여동생 아직도 멀었어요? 저 이제 지쳤어요!

엄마 얼마 안 남았어. 조금만 더 가면 쉴 곳이 나올 거야.

여동생 진짜? 계속 똑같은 풍경인데? 아무것도 없잖아요.

오빠 전에 살던 굴은 어디 갔을까요? 이 근처에 있었는데?

엄마 그 굴은 공사 때문에 막혔단다.

오빠 어휴… 예전에는 이 근처가 참 살기 좋았는데….

여동생 돌밭이랑 나무 밑동이 잔뜩 있어서 푹 쉴 수 있었고….

오빠 맞아, 맞아. 밤에는 실컷 돌아다니고, 낮이 되면 돌아와 마음 편히 쉬었잖아. 그런데 이게 뭐야, 지금은 사방팔방 콘크리트뿐이라니!

여동생 앗, 바다가 나타났어!

오빠 아, 옛날 생각 나네….

엄마 그러게. 예나 지금이나 변하지 않은 건 바다뿐이구나.

여동생 **오빠** ….

이럴 걸 그랬어

멸종 시기	1979년
분류	포유류
크기	몸길이 70cm
서식지	일본
먹이	물고기, 게

일본수달은 19세기 중반까지 일본 전역에 살고 있었다. 19세기 후반부터는 털가죽을 노린 사람들의 사냥감이 되었고, 1928년 사냥 금지령이 내려졌을 무렵에는 거의 찾아볼 수 없게 되었다. 1950년대 이후에는 경제가 가파르게 성장하면서 전국의 강물이 오염되었고, 강둑에는 강이 넘치지 않도록 기슭막이가 설치되었다. 그 결과 일본수달은 먹이와 살 곳을 모두 잃고 멸종하고 말았다.

말라리아에 걸려서 멸종

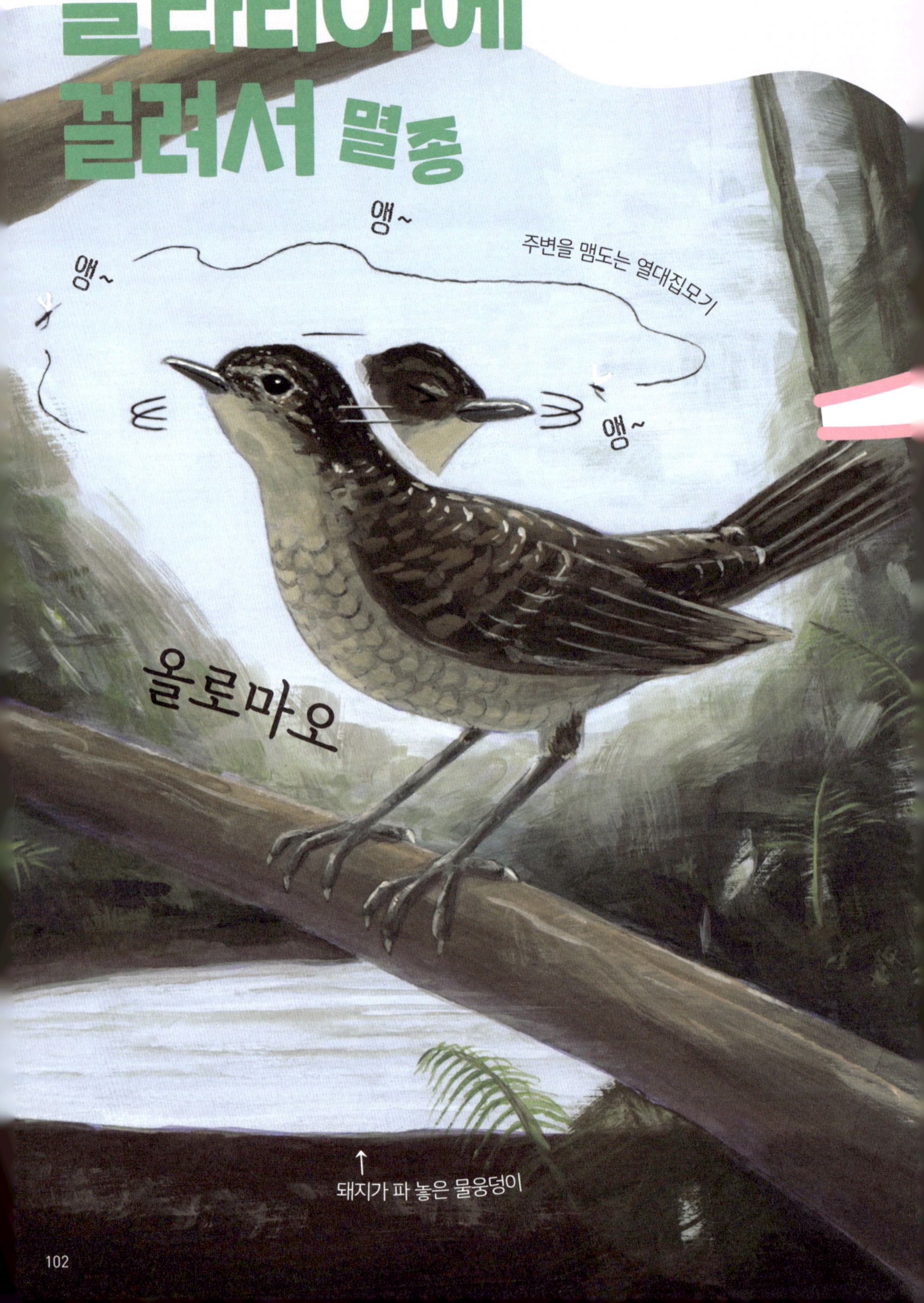
앵~
앵~
주변을 맴도는 열대집모기
앵~
올로마오
↑
돼지가 파 놓은 물웅덩이

아유, 아유! 돼지가 또 땅에 구덩이를 파 놨어옹! 미치고 팔짝 뛰겠네옹!

아… 소란을 피워서 죄송해요. 설명이 필요하겠네요. **돼지가 땅에 구멍을 파 놓으면… 끔찍한 결과가 찾아온다고옹!**

내가 왜 이럴까…. 죄송해요. 그러니까… 땅에 구덩이를 파면 빗물이 고이잖아요? 그러면 그 자리에 모기가 알을 잔뜩 낳고 가요. 그래요, 모기 말이에요! 저를 괴롭히는 검은 그림자! 사람과 함께 배를 타고 이 섬으로 찾아온 그 못된 모기! **어느새 무시무시하게 불어나더니, 어제도 앵앵… 오늘도 앵앵…** 정말이지 미쳐 버릴 것 같아옹!

아니, 아니지. 시끄러운 것까지는 버틸 만해요. 진짜 무서운 건 병이죠. 모기는 피를 빨면서 '조류 말라리아'라는 질병을 옮기거든요. **저는 섬에서 나고 자란 탓에 면역력이 부족해요. 한번 병에 걸리면 그대로 끝이라고요오옹!**

멸종 시기	1931년
분류	조류
크기	전체 길이 18cm
서식지	라나이섬
먹이	과일, 곤충

이럴 걸 그랬어

모기가 날아오지
못하는 높은 곳에서
살 걸 그랬어옹!

올로마오는 하와이의 라나이섬에 살던 개똥지빠귀의 친척이다. 1923년까지는 곧잘 눈에 띄었지만 1931년에는 한 마리도 발견되지 않았다. 갑작스럽게 수가 줄어든 것은 '조류 말라리아' 때문이다. 조류 말라리아 병원체를 지닌 목점박이비둘기와 말라리아를 널리 퍼뜨리는 열대집모기가 사람의 배를 타고 섬으로 들어온 것이다. 면역력이 없는 올로마오는 하나둘 병원체에 감염되어 결국 모두 죽고 말았다.

※여기서 소개하는 것은 라나이섬에 사는 올로마오의 아종(*Myadestes lanaiensis lanaiensis*)이다.

어린나무까지 사라져서 멸종

손님, 더 드시려고요? 아, 식물은 모두의 것이니 마음껏 드셔도 되긴 합니다. 그래도… 모든 일에는 정도라는 게 있지 않나요?

이런 말씀 드리기 좀 그렇습니다만, **요즘 들어 손님들이 식물을 너무 많이 드셔서 맨땅이 훤히 드러나고 있어요. 그뿐이면 다행인데, 자꾸만 땅바닥에서 흙이 쓸려 나가요.** 그렇다 보니 저희처럼 낙엽 밑이나 땅속에 사는 동물들은 숨을 데가 없어졌어요. 솔직히 너무 힘드네요.

게다가 갓 싹을 틔운 어린나무만 골라서 드시는데, 그것도 좀 곤란해요. **나무가 새로 자라지 못하니 점점 숲이 줄어들고, 결국에는 사막처럼 될 테니까요.** 안 그래요? 그랬다간 저희 장사꾼들은 진짜로 장사를 치러야 할 판이라(웃음)….

저… 듣고 계신가요?

왕뱀사촌

멸종 시기	1974년	서식지	라운드섬
분류	파충류	먹이	도마뱀
크기	전체 길이 1m		

이럴 걸 그랬어

땅속이 아니라
바닷속에
숨을 걸
그랬나 봐요.

모리셔스의 라운드섬에 살던 독이 없는 뱀이다. 숲속 낙엽 밑에 숨어서 도마뱀 등을 잡아먹으며 살았다. 그런데 18세기부터 그전까지는 포유류조차 살지 않던 라운드섬에 사람이 이주하기 시작했고, 섬에 들어온 사람들은 염소와 굴토끼를 섬에 풀어놓았다. 염소와 토끼는 섬의 식물을 마구 뜯어 먹었고, 보금자리인 숲을 잃은 왕뱀사촌은 멸종하고 말았다.

썩은 나무를 쪼아 대다 멸종

남편 아싸! 애벌레 또 찾았다!

아내 와~ 오늘은 운이 좋네.

남편 정말이지 난 애벌레 찾기의 달인이라니까.

아내 또~ 또~ 우쭐댄다.

남편 역시 나처럼 **짧은 부리로 나무에 구멍을 뚫는 게 좋아.**

아내 그 방법은 너무 거칠어. 나처럼 **긴 부리를 나무 틈새에 집어 넣는 게 더 좋지!**

남편 아무렴 어때. 애벌레는 많이 있는데.

아내 음… 없어.

남편 뭐?

아내 이젠 거의 없어. 사람들이 숲을 싹 다 목초지로 바꿔서 **애벌레가 사는 썩은 나무가 몽땅 사라졌어.**

남편 아….

아내 억울해. 부부 싸움을 피하려고 먹이 사냥도 다르게 했는데.

남편 그러게.

아내 오랫동안 열심히 진화했는데, 끝나는 건 순식간이네….

남편 이 애벌레… 반씩 나눌까?

멸종 시기	1907년
분류	조류
크기	전체 길이 50cm
서식지	뉴질랜드
먹이	곤충

이럴 걸 그랬어

뿔뿔이 흩어져서
아무거나 잘
먹고 살았으면
더 행복했을까?

후이아는 암컷과 수컷의 부리 생김새가 크게 달랐던 새로, 암컷과 수컷이 서로 다른 방식으로 나무 안에 사는 하늘소 애벌레 따위를 잡아먹고 살았다. 덕분에 암수 한 쌍이 함께 지내더라도 벌레를 두고 다툴 필요가 없었다. 그런데 19세기에 뉴질랜드로 건너온 사람들이 숲을 목초지 등으로 바꾸면서 썩은 나무와 애벌레가 사라지기 시작했고, 후이아도 멸종하고 말았다.

평범한 가로수가 아니야

가을 거리를 노랗게 수놓은 나무들
당신에게 난 겨우 그뿐이겠지
하지만 알아줘, 당신과 만나기 위해
공룡이 살던 중생대 이전부터
변함없이 나는 계속 살아왔단 걸

가을 가로수 길 냄새는 고약하지
내가 떨어뜨린 은행 때문이야

하지만 나는 아름다운 이파리들로
당신의 응어리진 마음을 풀어 줄 거야
그러니 내게 귀엽지 않단 말은 말아 줘

식물은 몸 하나에 암수가 모두 있어
하지만 나는 암나무와 수나무가 따로 태어나
운명의 상대를 찾는 건 나의 숙명
아무나 선택하지는 않아 오직 당신뿐

나는 겉씨식물, 소나무도 소철도 나와 같아
소나무는 540종, 소철은 300종이지
하지만 난 세상에서 단 한 종뿐
평범한 가로수라니
더 이상 내게 그런 말은 말아 줘

은행나무

분류	은행류
크기	나무의 높이 30m
서식지	중국 ※ 대한민국, 일본, 미국 등에서 재배되고 있음
먹이	광합성
살아 있는 화석 등급	★★★

4

조만간 멸종?

이렇게 멸종하면 억울할 거야!

멸종 위기종은 운명의 갈림길에 놓여 있습니다.
살아남을까요, 멸종할까요?
이런저런 사정이 있겠지만
지금이라면 아직 늦지 않았을지도 모릅니다.

※이 장에서는 IUCN(국제자연보전연맹)의 적색 목록 중 특히 멸종할 위험이 높은 생물에 위기 등급을 매겨 소개합니다.

나쁜 일이 자꾸 생겨서 멸종할지도

호시탐탐 기회를 엿보는 범고래

털가죽을 노리는 사람들

털 고르기를 게을리하면 물이 스며든다.

해달

해달은 괴로워요….

저는 북태평양에서 나고 자랐어요. 갓 태어나서부터 차가운 바닷물로 목욕을 했죠. 사람들은 저를 '멸종 위기종'이라 부른답니다.

이 빽빽한 털을 보세요! 온몸에 8억 가닥이나 나 있는 멋진 털가죽이에요. 이 털 덕분에 차가운 물속에서도 몸은 따끈따끈해요. 너무 훌륭해서 사람에게 자꾸 사냥당하다 보니 **30만 마리가 넘었던 친구들이 멸종할 뻔한 적도 있었어요.**

그때 사람들도 아차 싶었나 봐요. 서둘러서 저희를 보호하겠다고 나섰지만… **알래스카에서는 범고래가 저희를 덥석덥석 물어 갔어요.** 그 녀석들도 사냥감이었던 고래를 사람들이 빼앗아 가니 많이 굶주렸던 모양이에요.

1989년에는 유조선에서 기름이 빠져나와 6000마리나 되는 친구들이 죽기도 했어요. 힝, 어쩜 이렇게 나쁜 일이 끊이질 않는지…. 살기가 너무 힘들어서 멸종할지도 모르겠어요.

위기 등급	4
분류	포유류
크기	몸길이 1.3m
서식지	북태평양 연안
먹이	조개, 성게

이러면 멸종하지 않을지도
더 이상 바다가 더러워지지 않기를 기도할 뿐이에요.

해달은 18세기 중반부터 보온성이 뛰어난 털가죽을 노린 사람들의 손에 마구 사냥당했다. 20세기부터는 비로소 보호를 받게 되었지만 수많은 불행이 해달을 덮쳤다. 알래스카에서는 바다로 유출된 기름 때문에 털가죽이 더럽혀지고 방수 능력을 잃어 떼죽음을 당했다. 캘리포니아에서는 기생충 때문에 전염병이 퍼지기도 했다. 해달은 사람의 손으로 번식시키기도 어려워서 사육하는 수족관도 많지 않다.

꼬리를 숨기지 못해서 멸종할지도

솔레노돈

장면1

장면2

위기에 몰렸을 때는 '뿌우 뿌우' 하고 운다.

드라마 '솔레노돈의 실패'

장면1. 숲속에서의 만남

개, 말없이 솔레노돈을 내려다본다. 솔레노돈은 놀란 얼굴로 뒷걸음질한다.

솔 "뭐야, 너! 가까이 오면 독니로 콱 깨물어 버린다!"

장면2. 도망

솔레노돈, 숲속을 허둥지둥 달려 도망친다. 뒤에서는 개가 쫓아온다.

솔 '헥헥. 위협을 해도 안 통하네! 덩치는 뭐 저리 크담!

사람이 섬에 오고선 위험한 동물이 너무 많아졌어. 헥헥. 아우, 성가셔!'

장면3. 결심

도망치다 지친 솔레노돈, **중요한 결심을 한 듯 비장하게 소리친다.**

솔 "도망칠 수 없다면… 꼭꼭 숨어 버릴 테닷!"

머리를 바위틈에 밀어 넣은 솔레노돈. 그런데 엉덩이가 고스란히 드러나 있다.

※ **카메라** 훤히 드러난 엉덩이를 확대. 화면이 어두워진다.

독백 "그 후, 솔레노돈을 본 사람은 아무도 없었다…."

위기 등급	4
분류	포유류
크기	몸길이 30cm
서식지	쿠바섬, 히스파니올라섬
먹이	곤충, 지렁이

이러면 멸종하지 않을지도
개, 고양이, 몽구스는 쳐다보지도 마.

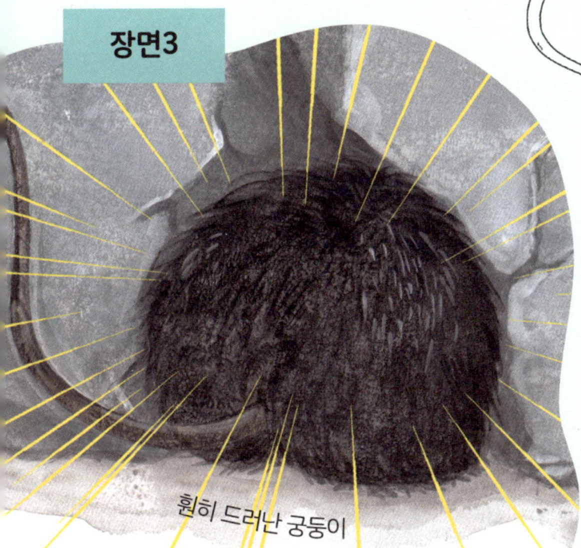

세계에서 가장 큰 땃쥐의 일종으로, 카리브해의 쿠바섬과 히스파니올라섬에서만 살고 있다. 이렇게까지 커질 수 있었던 이유는 섬에 육식 동물이 없었기 때문이다. 그런데 사람과 함께 개와 고양이, 몽구스가 섬에 찾아왔다. 솔레노돈은 이들로부터 달아나기 위해 '구멍에 머리만 숨기기', '뿌우 뿌우 하고 울기', '냄새가 지독한 액체 내뿜기' 같은 방법을 사용했지만 하나같이 썩 효과가 없었고 결국 멸종할 위기에 처했다.

냉장고가 좋아져서 멸종할지도

어이! 멍하니 이 책을 읽고 있는 바로 너! **좀 더 열정을 가지라고!** 뜨거운 열정이 생기면 나처럼 차가운 바다에서도 거침없이 헤엄칠 수 있을 테니까!

나는 열심히 노력했어. 그래서 물속에서도 체온을 유지할 수 있게 진화했지! 너는 어때? **구경꾼 노릇은 그만두고 삶의 주인공이 되란 말이야!**

나라고 힘들던 때가 왜 없었겠어. 난 뭍으로 올라오면 체온이 지나치게 높아졌어. **열기를 밖으로 내보내지 못해서 거의 80도까지 오르더라니까.** 그래서 금방 썩다 보니 고양이도 안 먹을 만큼 맛없는 생선이라는 말까지 들었어. 하지만 그게 뭐 어쨌다고! 과거? 미래? 집어치워! 중요한 건 바로 지금이야!

그래, 시대가 변하면 사람도 변한다고! 사람들은 나를 낚자마자 영하 60도나 되는 냉동고에 넣어서 얼리지. 그래서 다들 나를 맛있게 먹을 수 있게 됐어! 오죽하면 내가 지금 멸종할 지경이라니까!

예전에는 간장에 절여 먹었지만 지금은 초밥 재료로 쓰인다.

참다랑어

이러면 멸종하지 않을지도

남들처럼 숨어서 지낸다면… 아니, 그런 건 나와 어울리지 않아!

위기 등급	2
분류	경골어류
크기	전체 길이 3m
서식지	태평양, 대서양
먹이	물고기, 갑각류

참다랑어는 빠른 속도로 헤엄칠 수 있지만 쉬지 않고 헤엄치지 않으면 숨을 쉬지 못한다. 그래서 차가운 바다에서 움직임이 무뎌지지 않도록 체온을 높게 유지하는 기능이 발달했다. 반면, 체온을 잘 낮추지는 못하기 때문에 물 밖으로 나오면 삶아진 듯한 상태가 된다. 그래서 예전에는 금방 썩어 버리는 맛없는 생선으로 여겨졌는데, 냉동 기술이 발전한 지금은 지나칠 정도로 자주 식탁에 올라 멸종 위기에 처했다.

비늘이 쓸모없어서 멸종할지도

천산갑

천산갑의 비밀 일기

(보면 안 돼!)

9월 2일 (맑음)

오늘도 사자가 나타났다. 벌써 세 번째다. 내가 몸을 동그랗게 마니까 엄니로 와작와작 깨물었다. 하나도 안 아팠다. 내 비늘은 아주 딱딱하니까!

9월 5일 (흐림)

오늘은 흰개미를 2만 마리나 먹었다. 즐거운 하루였다.

9월 6일 (맑음)

오늘도 흰개미를 먹으러 갔는데 사람이 다가왔다. 순식간에 몸을 동그랗게 말았다. '왜 안 때리지?' 하고 있는데 갑자기 나를 번쩍 들어 올렸다. 나를 어디로 데려가려는 거지?

9월 8일 (?)

트럭 짐칸에서 몰래 쓰고 있다. 운전사가 "맛있어 보인다."느니 "비늘로 방탄조끼를 만들겠다."느니 수군대고 있다. 잘은 모르겠지만 몸을 동그랗게 말고 있으니 괜찮겠지?

위기 등급	3
분류	포유류
크기	몸길이 80cm
서식지	아시아, 아프리카
먹이	개미, 흰개미

이러면 멸종하지 않을지도
내가 몸을 동그랗게 말았을 때는 가만히 놔뒀으면 좋겠어.

사람 앞에서는 아무런 소용이 없었다…

이빨이 없고 긴 혀로 흰개미 따위를 먹는데 분류상으로는 개미핥기보다 개나 고양이에 더 가깝다. 포유류 중에서는 유일하게 딱딱한 비늘이 있어서 최강의 방어력을 자랑한다. 몸을 동그랗게 말면 사자의 엄니조차 뚫지 못할 정도로 튼튼하지만 사람에게는 쉽게 붙잡힌다. 특히 중국에는 천산갑의 비늘을 약재로 쓰고 고기를 먹는 문화가 있는데, 이 때문에 아프리카에서까지 밀수를 해서 수가 크게 줄어들고 있다.

선캄브리아기
고생대
중생대
신생대
캄브리아기
오르도비스기
실루리아기
데본기
석탄기
페름기
트라이아스기
쥐라기
백악기
고제3기
신제3기
제4기

말을 너무 잘해서 멸종할지도

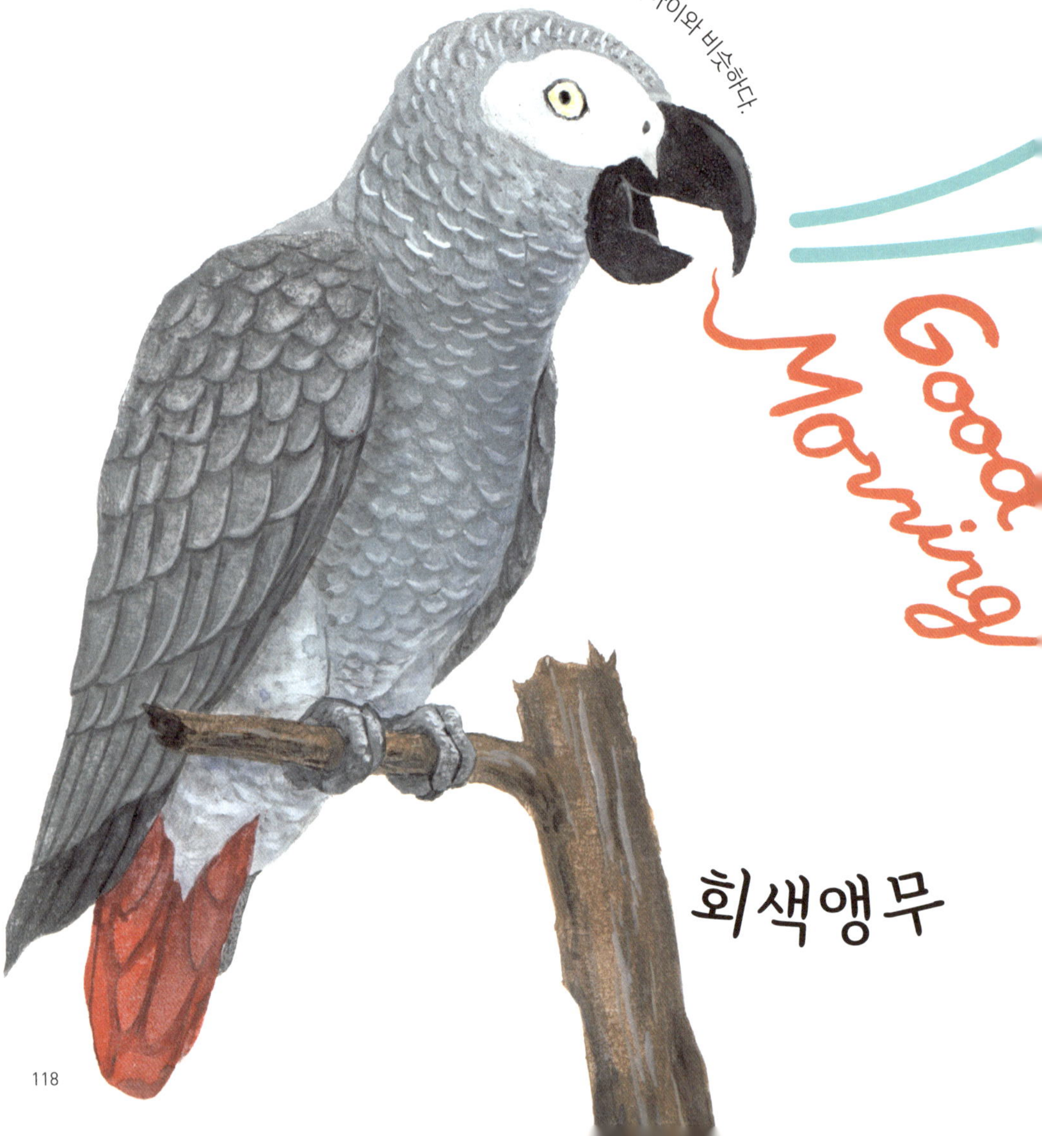
지능은 다섯 살 어린아이와 비슷하다.
Good Morning
회색앵무

안녕하세요! 회색앵무예요! 보시다시피 머리부터 몸통까지 반들반들한 회색 깃털로 덮여 있어요. 그런데 반전! 제 매력 포인트는 이 새빨간 꼬리 깃털이에요. 예쁘죠? 예쁘죠?

저는 서양에서 온 앵무새라 해서 '양무'라고도 불려요. 그런데 또 반전! **저는 서양이 아니라 가나나 앙골라 같은 아프리카 한복판에 있는 숲에서 왔어요.** 이렇게 말씀드렸으니 잊으시면 쪼끔 서운해요! 서운해요!

우리 조상님은 고대 로마의 유명인들한테 인기가 무척 많았어요! 로마 황제한테 인사를 하고 칭찬을 받기도 했대요. 황제님, 황제님 좋아요~❤

저는 머리도 좋고, 말도 엄청 잘하고, 동물 울음소리까지 흉내 낼 줄 알아요. 이런 저를 사람들이 가만 놔둘 리 없겠죠? 20세기 후반부터 저를 반려동물로 키우려는 사람들이 아주 많아졌어요. 그래서 마구 밀렵을 당해… 가나에 살던 친척들의 수가 10퍼센트 밑으로 줄어들었대요. 너무 슬프죠? 슬프죠?

위기 등급 3

분류	조류
크기	전체 길이 30cm
서식지	중앙아프리카
먹이	과일

이러면 멸종하지 않을지도

우리를 좋아한다면 너무 탐내지 말아 주세요.

중앙아프리카의 숲에 사는 앵무새이다. 사람의 말을 능숙하게 따라 할 뿐만 아니라 대화를 나누려 하고, 수명이 50년이나 돼서 유럽에서는 먼 옛날부터 인기가 많았다. 사람을 통해 인공 번식이 가능하지만 원하는 사람이 많아 서식지에서 붙잡히는 일이 많아졌다. 국제적으로 거래를 제한하는데도 밀렵이 사라지지 않아서 멸종이 우려되는 상황이다.

태즈메이니아데빌

성미가 급한 녀석은 일찍 죽기 때문에
최근에는 온순한 녀석이 늘어나는 중.

암에 걸려서 멸종할지도

20××년. 태즈메이니아섬에서는 태즈메이니아데빌들의 피 튀기는 싸움이 펼쳐지고 있었다!

- 크윽!
- 으하핫! 드디어 얼굴을 깨무는 데 성공했다!
- 흥, 그 정도 공격으로 그렇게나 좋아하다니. 순진하긴.
- 순진한 건 너야. 내 엄니가 평범한 엄니인 줄 알았냐!
- **윽! 설마 네 녀석! '데빌 암'에 걸린 건가?**
- 바로 맞혔다. 내 몸을 좀먹는 암세포가 곧 네 상처 안으로 파고들 테지. **암세포가 불어나서 넌 반년 뒤면 죽게 될 것이다!**
- 큭…. 어차피 데빌이라는 피할 수 없는 운명을 타고난 몸. 먹이와 암컷을 두고 밤낮으로 싸움을 벌이는 나날에는 변함이 없지! **평화로운 삶 따윈 일찌감치 포기했다!**
- 그렇다면, 다시 승부다!

두 데빌의 싸움은 계속된다!

이러면 멸종하지 않을지도

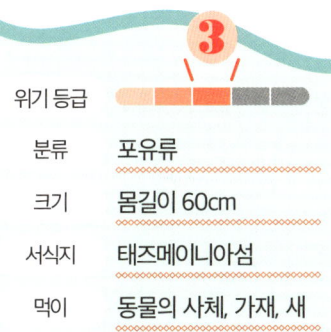

위기 등급	3
분류	포유류
크기	몸길이 60cm
서식지	태즈메이니아섬
먹이	동물의 사체, 가재, 새

오스트레일리아의 태즈메이니아섬에서만 사는 세상에서 가장 큰 육식성 유대류다. 공격성이 매우 강해서 같은 무리에서도 먹이를 둘러싸고 피비린내 나는 싸움을 벌인다. 짝짓기 철에는 암컷과 수컷이 피범벅이 될 때까지 서로를 깨물며 짝짓기를 한다. 1996년 암세포가 상처로 파고들면서 감염되는 '데빌 안면 종양 질환'이 발생했는데, 이 병이 순식간에 퍼지면서 멸종 위기에 처하고 말았다.

얼음이 줄어들어서 멸종할지도

휴 우우…. 여기까지 얼음이 녹는다고? 이러면 100퍼센트 바다에 빠지면서 게임 끝인데….

이게 다 지구 온난화 때문이야. 지구가 더워지니까 **얼음이 자꾸 녹아서 물범을 사냥할 수가 없잖아.**

이 커다란 덩치를 보면 알겠지만, 나는 먹잇감을 '한 방에 훅' 보내는 스타일이야. **새끼를 키우는 물범에게 살금살금 다가가 '후려치기'나 '깨물기' 기술을 써.** '숨어서 기다리기'라는 어려운 기술도 있긴 해. 얼음 구멍 옆에서 가만히 기다리다가 **물범이 숨을 쉬려고 고개를 딱 내밀었을 때 퍽 후려치는 거야.**

아무튼 기술은 나중 일이고… 물범에게 다가가려면 두꺼운 얼음이 있어야 하는데…. 안 그래도 얼음이 없는 여름에는 쫄쫄 굶어서 체력이 훅훅 떨어지는데, 겨울에도 사냥을 할 수 없다니…. 이러다 멸종하겠어. 나 좀 살려 줘….

위기 등급 2

분류	포유류
크기	몸길이 2.2m
서식지	북극과 그 주변
먹이	물범

이러면 멸종하지 않을지도
지구 온난화 좀 누가 말려 준다면….

15만 년쯤 전, 불곰과 같은 조상에서 진화하여 추운 환경에 적응한 동물이 바로 북극곰이다. 북극곰은 곰 중에서 가장 육식성이 강해서 주로 물범을 먹는다. 북극해의 얼음 위에서 물범을 사냥하는데, 얼음이 녹는 여름이면 사냥을 하지 못해 거의 아무것도 먹지 못한다. 최근에는 지구 온난화로 바다에 얼음이 깔리는 계절이 짧아진 탓에 앙상하게 말라 죽는 북극곰이 늘어나고 있다.

불이 나서 멸종할지도

코알라 뉴스 24

대체 피해는 어디까지 넓어질까요.

2019년 9월, 오스트레일리아의 숲에서 대규모 화재가 발생했습니다. 관계자의 말에 따르면 불은 2020년 2월까지 5개월 동안 꺼지지 않은 채 약 18만 6000제곱킬로미터의 숲과 초원을 모조리 불태웠다고 합니다. 이는 대한민국 면적의 두 배에 가깝습니다.

그 현장은 기름이 많아 불이 붙기 쉬운 유칼립투스로 빽빽했기 때문에 종종 화재가 발생하곤 했습니다. 특히 2019년 여름은 기록적으로 더웠으며 공기가 매우 건조했기 때문에 화재가 더 크게 번진 것으로 보입니다.

이 화재로 숲에서 살던 코알라 8000마리가 숨졌습니다. 또한 10억 마리 이상의 야생 동물이 목숨을 잃었습니다. 한시바삐 숲이 되살아나기를 기원합니다.

코알라

위기 등급	4
분류	포유류
크기	몸길이 70cm
서식지	오스트레일리아 동부
먹이	유칼립투스 나뭇잎

이러면 멸종하지 않을지도

언제 어느 때나 불조심!

코알라는 오스트레일리아에서도 주식인 유칼립투스가 자라는 아주 한정된 지역에 살고 있다. 오스트레일리아는 대부분 나무가 자라지 않는 사막이기 때문이다. 기후가 건조한 데다 유칼립투스에는 기름기가 많아서 자연적으로 불이 나기 쉬운데, 2019~2020년에는 엄청나게 큰 화재가 일어났다. 이 화재로 수만 마리밖에 되지 않는 코알라의 보금자리가 모조리 타 버려서 멸종이 걱정되는 상황이다.

꼭꼭 숨어 살다가 멸종할지도

형 거기 너, 멈춰라잉!

동생 우리 보금자리에는 무슨 일이여?

형 **너… 혹시 소냐잉?(험악)**

동생 행님, 이 녀석은 아무리 봐도 사람인디요.

형 아, 사람이여? **우리는 사실 자랑스런 소과 소아목 소족의 후예. 즉, 순수한 소여!** 그란디 소라고 하면 피가 거꾸로 솟제. 왜 그런 줄 아냐잉?

동생 아~따, 행님. 쓸데없는 말이 많소.

사올라

사람의 눈에 띄기 전부터 멸종 위기

형 그것은 바로 우리가 소한테 졌기 때문이여. **먼 옛날, 우리 조상님이 다른 소들과 싸우다가 쫄딱 망해서 산 위로 쫓겨나 부렀거든.**

동생 아니, 행님은 요로코롬 짠~헌 이야기를 어찌게 눈물 한 방울 없이 늘어놓으신다요. 그 뒤로 우리는 지금까지 높이 2000미터가 넘는 산등성이에서 근근이 살아왔지라….

형 그래도 이렇게 숨어 산 덕에 사람 눈에 안 띄고 여태껏 살아남을 수 있었제!

동생 **아니 행님, 눈앞에 있는 게 바로 사람이랑께요!**

위기 등급	5
분류	포유류
크기	몸길이 1.8m
서식지	라오스, 베트남
먹이	나뭇잎

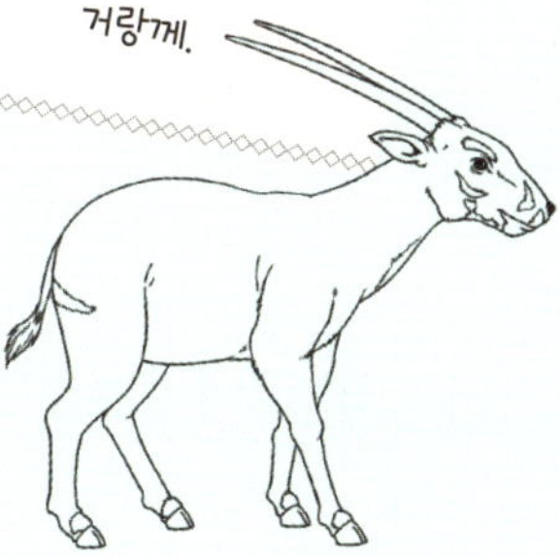

이러면 멸종하지 않을지도
앞으로도 우린 여기서 조용히 살아갈 거랑께.

사올라는 1992년에 처음 발견되었다. 그 전까지 발견되지 않았던 이유는 사올라가 사는 곳이 베트남과 라오스의 국경인 데다 높이가 2000미터가 넘어서 사람들의 발길이 끊긴 후미진 산골이었기 때문이다. 사올라의 조상은 다른 초식 동물과의 경쟁에 밀려 깊은 산속으로 쫓겨났을 것이다. 그리고 우연히 경쟁자들과 사람이 살지 않는 산골에 다다른 덕분에 힘겹게나마 살아남을 수 있었을 것이다.

새끼를 많이 빼앗겨서 멸종할지도

안녕? 난 뱀장어야. 이 기회에 우리 뱀장어의 평범한 한살이를 소개할게!

우리는 괌섬 근처의 마리아나 해구에서 태어나! 알에서 갓 태어났을 때는 투명하지. 아~ 바다 눈(이름이 너무 귀여워♥ 사실 죽은 플랑크톤인데 말이야)이 참 맛있었는데. **아무튼 우리는 잔뜩 먹이를 먹고 실뱀장어로 모습을 바꿔.**

물결에 너울너울 떠밀려 다니다 일본 근처에 도착하면~♪ 바로 여기서 사람 등장! 거의 100톤이나 되는 친구들이 사람들의 고깃배에 붙잡혀. **사람들은 붙잡힌 친구들을 어른이 될 때까지 길렀다가 잡아먹지**(다들 장어구이 좋아하지?💦).

살아남은 친구들은 계속해서 강을 거슬러 올라가. **이때부터 뱀장어답게 몸이 검게 변해**(자외선으로부터 내장을 지키기 위해서라는 사실, 알고 있었어?). 그리고 강이나 호수에서 5~10년에 걸쳐 어른이 되는 거야.

마지막으로 다시 한 번 바다로 돌아가 알을 낳으면 끝!

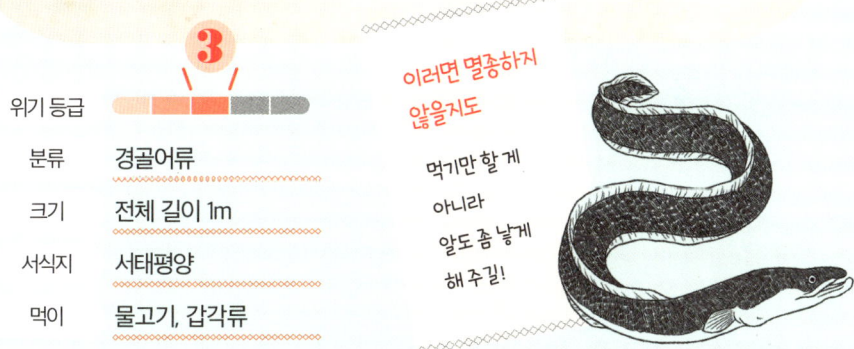

위기 등급	3
분류	경골어류
크기	전체 길이 1m
서식지	서태평양
먹이	물고기, 갑각류

이러면 멸종하지 않을지도
먹기만 할 게 아니라 알도 좀 낳게 해 주길!

뱀장어를 양식하려면 강을 거슬러 오르기 위해 찾아온 새끼(실뱀장어)를 잡아서 다 자랄 때까지 키워야 한다. 실뱀장어가 되기 전 유어 상태의 뱀장어를 키우기는 무척 어려운 일로, 현재로서는 돈이 너무 많이 든다. 지금은 뱀장어의 숫자가 줄어들고 새끼의 가격이 비싸져서 동아시아의 여러 나라가 경쟁하고 있는 상황이다. 알을 낳지 못한 채 잡아먹히기만 하고 있으니 수가 줄어드는 게 당연하다.

사체를 빨리 찾아내서 멸종할지도

흠~ 이건 코요테의 사체에서 나는 냄새로군. 여기서부터 북쪽으로 2킬로미터 떨어진 땅바닥에 놓여 있어. 흠흠흠~ 저쪽에서 은은하게 풍기는 흙과 이파리 향기가 섞인 고기 냄새… 땅다람쥐로군. 동쪽 4킬로미터 지점에 있는 밭 근처에서 죽어 있고….

나는 지상에서 벌어진 일을 훤히 꿰뚫고 있다네. 보는 게 아니라 느끼는 게지. 내 코는 10킬로미터 떨어진 곳의 사체 냄새도 맡을 수 있을 정도로 민감하기 때문이라네.

게다가 난 무척 빠르다네. 날개를 펼쳐서 바람을 타면 멀리 떨어진 곳도 눈 깜짝할 사이에 날아갈 수 있지. **꽁지가 빠지도록 달려오는 늑대, 코요테들~, 늘 먼저 고기를 차지해서 미안하게 됐네.**

그런데 요즘 부쩍 동물의 사체를 먹다가 납으로 된 총알까지 꿀꺽하는 일이 많아졌다네. 목장 근처에 놓여 있던 고기를 먹은 뒤로는 컨디션도 안 좋아진 느낌이야. **설마… 독이 든 건 아니겠지?**

이러면 멸종하지 않을지도

독에서 무슨 냄새가 나는지 알 수 있다면….

위기 등급	5
분류	조류
크기	전체 길이 1.3m
서식지	북아메리카
먹이	동물의 사체

냄새로 먹잇감인 동물의 사체를 찾아내는 세상에서 가장 큰 맹금류다. 사람이 해로운 짐승을 없애기 위해 독을 섞어 놓은 먹이를 먹거나, 그 독을 먹고 죽은 동물의 고기를 먹은 탓에 많은 수가 목숨을 잃었다. 또한 납으로 된 총알에 맞아 죽은 동물을 그대로 먹었다가 납에 중독되기도 한다. 한때는 야생에서 모습을 감춘 적도 있었지만 인공 번식을 통해 조금씩 늘어나기 시작했고 일부는 야생으로 돌려보내졌다.

사막에 강해서 멸종할지도

뭐랄까…. 저는 이미 야생에서는 멸종한 동물이에요. 2000년 전부터 사람 여러분이 참 많이 아껴 주셨거든요. **그때부터 지금까지 저는 쭉 가축으로 길러지고 있답니다.**

예전에는 자동차가 없었으니까 걸어서 사막을 지나려면 목숨을 걸어야 했어요. 그래서 저는 아주 귀한 몸이었죠. **100킬로그램이나 되는 짐을 짊어지고 물 한 방울 없이도 하루에 30킬로미터를 걸을 수 있었으니까요.**

단봉낙타

그 대신 물을 한번에 200리터나 마실 때도 있어요. 몸속에 물을 흡수해서 저장하거든요. 그리고 제 혹 안에는 지방이 잔뜩 들어 있어요. 이걸 천천히 분해해서 에너지로 바꾸는 거예요. 맞다, 풍성한 눈썹과 꽉 닫히는 콧구멍도 있답니다. 덕분에 모래 폭풍이 하나도 무섭지 않아요, 후훗.

이렇게나 사막에 잘 적응했는데… 모조리 사냥당한 것 있죠?

어쩌겠어요. 운명이니 하고 있죠.

위기 등급	1
분류	포유류
크기	어깨까지의 높이 1.9m
서식지	서아시아, 동아프리카 ※외래종으로서 오스트레일리아에 분포되어 있음
먹이	식물

이러면 멸종하지 않을지도

야생으로 가서 살아남는 방법을 궁리해 볼까 봐요.

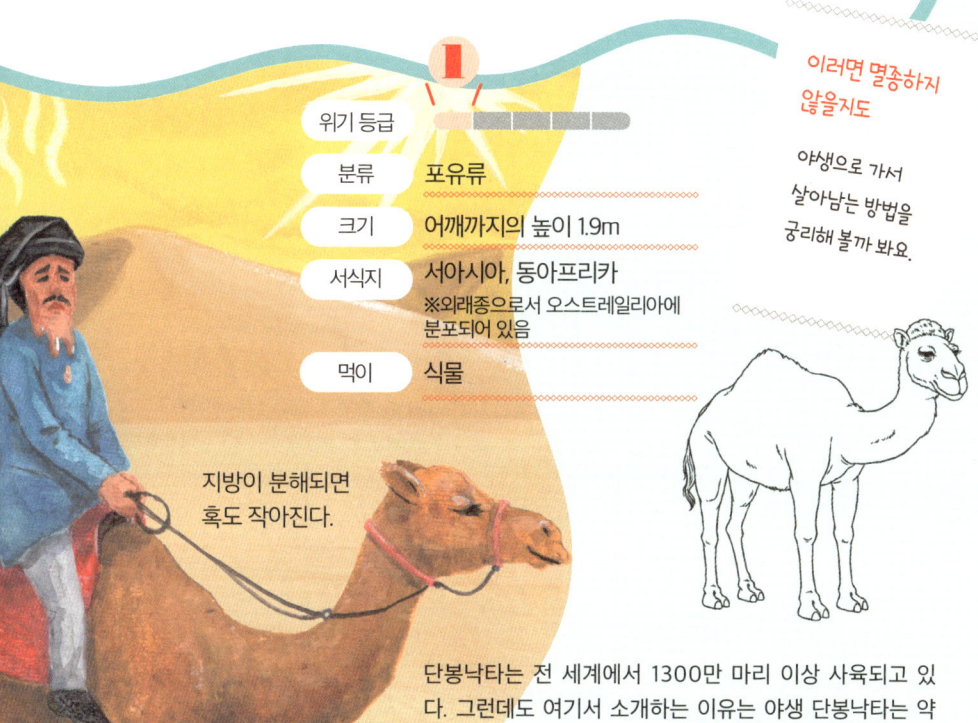

단봉낙타는 전 세계에서 1300만 마리 이상 사육되고 있다. 그런데도 여기서 소개하는 이유는 야생 단봉낙타는 약 2000년 전에 사람에게 모두 사냥당해 멸종했기 때문이다. 천적이 없는 오스트레일리아의 사막에서는 사람의 손에 끌려온 낙타가 도망쳐서 크게 번식해 살고 있지만, 오스트레일리아는 본래의 서식지가 아니기 때문에 지금도 단봉낙타는 '야생에서는 멸종'된 상태이다.

멸종은 지금도 일어나고 있어요!

안녕하십니까. 갑작스럽지만 지구의 '현재'를 알려 드리는 '뉴스 지구는 지금'을 시작하겠습니당.

음~ 여러분은 지금까지 멸종할 것 같은 생물, 다시 말해 '멸종 위기종'에 관한 내용을 읽어 보셨습니당. 그런데 멸종 위기종에 대해 잘 모르겠다는 분도 계시겠죠?

하지만 괜찮습니당! 그런 여러분을 위해 저, 파랑파랑 외계인이 성심성의껏 보도해 드리겠습니당!

놀라지 마세요. '멸종'은 머나먼 과거에만 벌어진 일이 아니랍니당. 지금 당장이라도 멸종할 수 있는 생물이 조사로 밝혀진 것만 해도 3만 종이 넘는다고 합니당!

뉴스 지구는 지금

멸종 위기종

보고서

리포터

파랑파랑 외계인

그나저나…

멸종 위기종이 뭐예요?

'멸종 위기종'이란,
쉽게 말하면 '멸종할 위험이 있는 생물'입니닷. 야생에서는 자손을 남기기 어렵고 위태로운 상황에 놓인 생물을 가리킵니닷.

이것이 바로 위태로운 상황!

1 수가 적다

대형 동물은 수가 10만 마리 아래로 줄어들면 종족을 유지하기가 어려워진다고 한다. 10만은 꽤 큰 수처럼 느껴지지만 덩치 큰 동물은 넓은 지역에 걸쳐서 살기 때문에 자손을 남기려면 수가 많아야 한다.

전 세계 북극곰은 모두 2~3만 마리. 무척 많아 보이지만….
30만 배
사람이 모두 79억 명이라는 걸 생각하면 엄청나게 적은 셈!

2 갑자기 수가 줄어들었다

10만 마리보다 많다 하더라도 짧은 기간 동안 빠르게 수가 줄어든 생물은 심각한 위험에 처했을 가능성이 있다.

아프리카코끼리는 1970~1980년대에 상아를 노린 사냥꾼들에게 사냥당해 4분의 1 이하로 줄었다!
270만 마리
10여 년 후
62만 마리

3 원래 살던 곳에서는 더 이상 찾아볼 수 없다

원래 살던 곳과는 다른 지역이나 동물원에서만 볼 수 있는 생물 역시 멸종 위기종이다.

동물원에서만 볼 수 있어요.

긴칼뿔오릭스 나

원래 있던 호수가 아닌 다른 호수에서만 살고 있어요.

구니마스 등

그런데…

멸종 위기종은 누가 정하나요?

조사를 통해
- 종 수가 오랫동안 살아남을 만큼 있는가?
- 살아갈 환경이 남아 있는가?

등을 기준으로 결정한다고 합니당. 조사하는 나라나 기관에 따라 멸종할 위험이 얼마나 높은지를 다양한 등급으로 나눕니당.

예를 들자면…

적색 목록 (IUCN)

IUCN(국제자연보전연맹)이 작성한 멸종할 위험이 있는 야생 생물 목록이다. 이미 멸종한 생물부터 멸종할 위험이 낮은 생물까지 11만 종 이상의 생물을 아홉 가지 등급으로 분류했다.

멸종 위기 야생 생물 (환경부)

한국의 환경부에서는 멸종 위험성이 높은 야생 생물을 멸종 위기종으로 지정하여 보호하고 있다. 1급 60종, 2급 207종으로 합쳐서 267종이 지정되어 있다.

하지만 이러한 목록에는 강제적인 지침이 없다!

멸종 위기종 목록은 어디까지나 생물들의 멸종 위험을 나타낸 목록일 뿐이다. 어떤 생물을 어떻게 보호하면 좋을지를 정하기 위한 시작점인 셈이다. 참고로 한국에는 멸종 위기종을 보호하는 '문화재 보호법'이 제정되어 있어서 귀중한 생물이나 광물과 이것들의 존재 장소를 천연기념물로 지정해 보호하고 있다.

이렇게 되면 멸종

동물의 경우

살아 있다는 증거를 50년 넘게 확인할 수 없는 동물은 멸종한 것으로 여긴다.

자! '멸종 위기종'에 대해 빠르게 정리해 드렸는데, 어떠셨나요?

마지막으로 드리고픈 말씀은, 지금도 수많은 생물이 계속해서 멸종하고 있다는 것입니당.

사람이 풍요로운 삶을 원할수록 환경이나 다른 생물에 끼치는 영향은 커지게 됩니당. 그러니 어느 시점에서 선을 긋지 않는다면 멸종의 위험은 잦아들지 않겠죠.

여러분은 그 선을 어디에 그어야 한다고 생각하시나요? 이 문제에는 정답이 없지만 여러분이라면 분명 언젠가 정답을 내놓을 수 있으리라 믿고 있습니당.

사랑에 빠진 가아

Um 베이비, 넌 최고의 Girl
사랑에 빠진 난 Gar
페름기에 태어난 고대어

모두가 부러워해 이 Giant한 Body
호수? 강? 어디서든 백전불패
주둥이는 가늘어 이빨은 날카로워
몸길이는 3m 난 그야말로 악어

하지만 넌 보았어 그 작은 바닷물고기
나를 보진 않았어 난 큰 민물고기

모두가 쩔쩔매 이 Great한 Body
비늘은 두꺼워 딱딱하고 무거워
두께는 잘 몰라 이건 그야말로 갑옷

하지만 넌 반했어 우아한 바닷물고기
비늘이 얇디얇은 요즘 물고기
내겐 등을 돌렸어 난 투박한 민물고기
내 비늘은 돌덩이 강물을 못 거슬러

Um 베이비, 넌 최고의 Girl
전 세계에 내 친구 이젠 7종뿐인걸
딱 한 번만 네 미소를 보여 줘
숨이 막혀 죽어 버리기 전에

앨리게이터가아

분류	경골어류
크기	전체 길이 3m
서식지	북아메리카 남부
먹이	물고기, 새, 거북
살아 있는 화석 등급	★☆☆

5

멸종 직전에 생존

살아나서 다행이야!

이 세상에 '절대'란 없는 법입니다.
우리가 세상 모든 일을 알 수는 없습니다.
멸종한 줄 알았던 생물이
갑자기 두둥~ 하고 나타나기도 한다니까요.

똥을 빼앗겨서 멸종한 줄 알았더니?

동생 누나! 사람들이 또 동굴까지 찾아왔어. 이러다 잡아먹히겠어!

누나 쉿! **저 녀석들이 원하는 건 우리 고기가 아냐. '똥'이지!**

동생 똥? 저 녀석들, 우리 똥을 먹는 거야!?

누나 아니, 아무리 먹을 게 없어도 사람이 박쥐 똥까지 먹겠니? 우리 똥은 농작물을 기르는 데 비료로 쓰이거든. 얼마 전에 사람들이 숲을 밭으로 싹 바꿔서 우리가 먹을 나무 열매가 다 없어졌지? 그것도 모자라 **우리가 눈 똥으로 사탕수수를 쑥쑥 키우려는 거야!**

동생 완전히 자기들 마음대로잖아! 나쁜 사람들!

누나 그래서 우리 친구들은 1964년을 마지막으로 모습을 감춰 버렸지….

동생 **헉… 그럼 멸종한 거야?** 그럼 우린 뭐지?

누나 아니, 살아남은 무리가 있었지. 2001년에 발견됐어. 그게 바로 우리야! 하지만 사람들이 숲을 이렇게 계속 망가뜨리니 어디 안심할 수가 있어야지~!

살아남은 김에 한마디

똥 말고 다른 건 빼앗지 말아 주세요.

멸종 의심	1964년
재발견	2001년
분류	포유류
크기	몸길이 22cm
서식지	네그로스섬, 세부섬
먹이	과일

필리핀의 네그로스섬과 세부섬에만 사는 과일박쥐다. 초음파를 이용해 주변을 살피는 능력이 없어 어두컴컴한 곳에서는 날지 못한다. 그래서 빛이 드는 동굴 입구 쪽을 보금자리로 삼았는데, 이들의 똥오줌을 비료로 쓸 수 있다는 이유로 사람들이 동굴을 어지럽혔다. 그러자 점차 모습을 감추기 시작했고, 한때는 멸종된 것으로 여겨졌다가 2001년에 다시 발견되었다.

호수가 말라서 멸종한 줄 알았더니?

"살아 있었구나~!"는 무슨. 사람들이 마음대로 멸종한 셈 치고 있던 거잖수? 우린 살아 있었다우. 멋대로 죽였다 살렸다 하면서 호들갑 좀 떨지 말아 주실라우?

처음부터 우리를 멸종 직전까지 몰아넣은 건 댁들이잖수. 사막에 있는 마을에 물을 보내자고 커다란 수로를 파서는 주변 습지까지 농사지을 땅으로 바꿔 놓지 않았수? 그 바람에 우리가 살던 호수는 모조리 바짝 말라 버렸수!

뭐, 백 번 양보해서 이해한다 치겠수. 다 살자고 그랬을 테니! 그런데 그 다음은 도대체 뭐요. 주변을 모조리 갈아엎을 때는 언제고, 생물이 줄어드니까 화들짝 놀라서 지켜 주자니? 보호 구역을 정해 놓고 "생물을 보호합시다~!"라니 말이우.

그럴 거면 처음부터 멸종시키지를 마슈. 도대체 뭘 어쩌자는 건지 모르겠수!

팔레스티나 얼룩개구리

멸종 의심	1955년
재발견	2011년
분류	양서류
크기	몸길이 8cm
서식지	이스라엘
먹이	갑각류 등

살아남은 김에 한마디

굳이 찾아낼 필요도 없었수!

팔레스티나얼룩개구리는 1940년에 겨우 다섯 마리가 발견되었을 정도로 이미 수가 줄어들어 있었다. 그런데 1951년, 요르단강에서 사막에 물을 대기 위한 공사가 시작되면서 유일한 서식지였던 훌라 호수가 좁아졌고, 1955년에 발견한 한 마리를 마지막으로 멸종한 것으로 여겨졌다. 그런데 1963년 훌라 호수와 그 주변이 자연 보호 구역으로 지정되고 호수 주변의 습지 환경이 조금씩 회복되면서 2011년에 다시금 발견되었다.

바바리사자

사람에게 모조리 사냥당해서 멸종한 줄 알았더니?

우리 바바리족은 북아프리카에서 살고 있었다. **우리는 다른 땅의 사자들보다 덩치가 크고 위풍당당했다. 검은 갈기를 바람에 나부끼며 걷는 모습은 정말이지 늠름했다.**

우리가 살던 곳은 사람이 많은 유럽과 매우 가까웠다. 그래서 우리는 고대 로마 시대부터 사람들에게 종종 붙잡히곤 했다. 어디 그뿐인가! 근대 사람들은 '총'을 발명해서 취미로 우리를 사냥했다. 마지막 바바리족이 사진에 찍힌 건 1927년. 그 뒤로 살아 있는 바바리족의 모습은 본 사람은 아무도 없었다.

그런데 놀라운 사실이 드러났다. 우리가 모조리 사냥당하기 전의 일이라고 한다. 사람들이 우리 중 몇 마리를 모로코의 어느 황제에게 바쳤고, 그 사자들이 왕궁에서 길러졌다는 것이다! 지금 그 후손들은 동물원에서 지내고 있다고 한다.

사람의 손에 길러지며 오랫동안 살아남았다는 사실을 기뻐해야 할 것인가, 말아야 할 것인가. 그대는 어떻게 생각하는가?

멸종 의심	1920년대
재발견	2000년대
분류	포유류
크기	몸길이 3m
서식지	북아프리카
먹이	사슴, 가젤

살아남은 길에 한마디

지금도 우리의 모습을 볼 수 있다는 사실을 감사히 여기길.

사자는 현재 아프리카 사하라사막 남쪽에서만 볼 수 있다. 그런데 예전에는 지중해 연안의 북아프리카에도 사자와 비슷하게 생긴 바바리사자라는 동물이 살고 있었다. 바바리사자는 인구가 많은 유럽과 가까이 살았던 탓에 사냥꾼들의 사냥감으로 여겨졌고, 야생에서는 일찌감치 멸종했다. 그런데 최근에 모로코 등의 동물원에 있는 사자들 중에 바바리사자가 남아 있다는 사실이 밝혀졌다.

고향이 불타서 멸종한 줄 알았더니?

알바트로스

짝이 죽으면 몇 년 동안은
짝짓기를 하지 않는다.

알은 1년에
한 개만 낳는다.

그리운 고향♪

아아~ 사랑하는 내 짝꿍
우리 함께 알을 낳으러 가자
멀더라도 언젠가는 닿겠지
북쪽 바다 아래 우리 고향 섬

아아~ 떠오른다 어린 시절 기억

사람에게 다가갔던 아버지
몽둥이에 맞아 돌아가셨고
사람 옆을 지나가던 어머니
깃털 몽땅 뽑혀 이불 되었지

아아~ 그런데도 내 고향은
이곳뿐

그런데, 그런데, 그런데

화산이 폭발 섬은 '폭망'
섬도 사람도 모두 사망
나무부터 흙까지 죄다 절망
내 고향 섬은 기억에서 망망

아아~ 사랑하는 내 짝꿍
우리 함께 이 세상을 떠나자
우리에게 남은 길은 단 하나
멸종이라는 이름의 종착역

그런데, 그런데, 그런데

10년이 지나 섬은 회복
새끼 낳고 기르니 우리는 행복
심각한 문제는 이제 극복
우리에게 남은 건 영원한 축복

멸종 의심	1949년
재발견	1951년
분류	조류
크기	전체 길이 90cm
서식지	북태평양
먹이	오징어, 물고기

살아남은 길에 한마디

시간이 흐르면 많은 것이 변하지.

알바트로스는 추운 바다 위를 날아다니다가 짝짓기 철에만 따뜻한 바다의 섬을 찾았다. 사람들이 섬에서 기다리기만 하면 꼬리에 꼬리를 물고 날아들어서 곧장 사냥당하곤 했다. 게다가 알바트로스의 마지막 서식지였던 일본의 도리시마섬에서 큰 화산 폭발이 일어나서 알바트로스는 1949년에 멸종한 것으로 여겨졌다. 그런데 1951년, 추운 바다에서 자란 어린 새가 도리시마섬으로 돌아왔다는 사실이 확인되었고, 이후에는 보호를 받게 되었다.

잘 지내나요♪

~초원의 그대에게~

잘 지내나요, 초원의 그대여
우리는 똑같은 기린이었지만
몸 무늬도 목 길이도 사는 곳도
지금은 완전히 달라졌네요

초원이 넓어진 마이오세부터
우리는 다른 길을 걸었어요
당신은 숲을 떠나 초원으로 향했고
나는 숲에 머물렀지요

초원은 점점 더 넓어졌지만
중앙아프리카의 숲은 그대로 남았고
저도 끝끝내 살아남았답니다

지금은 몇몇 숲에서만 지내며
희귀한 동물이라 불려요

그런데 당신도 참 별나죠
왜 하필 키 큰 나무의
이파리만 먹나요
초원에서는 찾기도 힘든 것을

잘 지내나요, 초원의 그대여
우리는 각자 많은 일을 겪었지만
당신은 당신답게
그 긴 목처럼 언제까지나
오래도록 행복하길 바라요

그럼 이만 안녕히
잘 지내세요, 초원의 그대여

오카피

분류	포유류
크기	어깨까지의 높이 2m
서식지	중앙아프리카
먹이	나뭇잎
살아 있는 화석 등급	★★☆

6

이유가 있어서 번성

앞으로도 우리는 살아남을 거야!

번성한 생물들은 참 대단합니다.
자신에게 맞는 환경에서
자손을 늘리며 억척스럽게 살고 있으니까요.
그런 생물들의 모습을 보고
배울 점도 무척 많을 겁니다.

가축이 되어서

번성

6억 톤. 그이가 내게 보내는 사랑의 무게예요♡ 무슨 소린지 모르겠다고요? 미안. 말로는 간단히 표현할 수 없거든요.

나의 그이… 내 사랑 '사람'과의 만남은 8500년 전에 시작됐어요. 내가 살던 초원에 갑자기 그이가 찾아오더니 자기 집을 지었죠. 첫인상은 10점 만점에 0점! 내게 창과 돌을 던지며 덤벼들었거든요. 나는 죽을힘을 다해 도망쳤어요. 그런데 어느 날 그이가 이렇게 말하더라고요.

"소야. 너, 우리 집으로 올래?"

그날부터 나는 그이와 함께 살게 됐어요. 그이가 먹을 것을 주면 나는 우유를 줬죠. 그이를 위해 일을 해 주고, 때로는 고기를 주기도 했어요. 그이는 무척 기뻐했고, 우리 아이들은 점점 늘어났답니다.

지금은 전 세계에 15억 마리나 되는 자손들이 살고 있어요. 무게로 따지자면 6억 톤. **나는 어느 틈엔가 지구에서 가장 번성한 동물이 되었답니다.**

소

밥을 먹을 때 '되새김질(65쪽)'을 하는 것도 성공의 비결

야생에서 살던 조상 오록스는 멸종했다.

분류	포유류
크기	어깨까지의 높이 1.4m
서식지	가축으로 전 세계에 분포
먹이	풀 등

이러길 잘했어

사람이랑 어울려 지내길 참 잘했어요.

생물의 몸무게와 마릿수를 곱하면 그 생물이 지구상에 얼마나 존재하는지를 알 수 있다. 이를 '생물량(바이오매스)'이라고 한다. 소의 생물량은 야생 동물 중 가장 많은 크릴새우(3.8억 톤)를 크게 웃도는 6억 톤이다. 사람은 소를 가축으로 기르면서 이익을 얻고 있는데, 소 역시 사람 덕에 효율적으로 자손의 수를 늘리는 데 성공했다고 볼 수 있다.

호기심이 가득해서 번성

까마귀

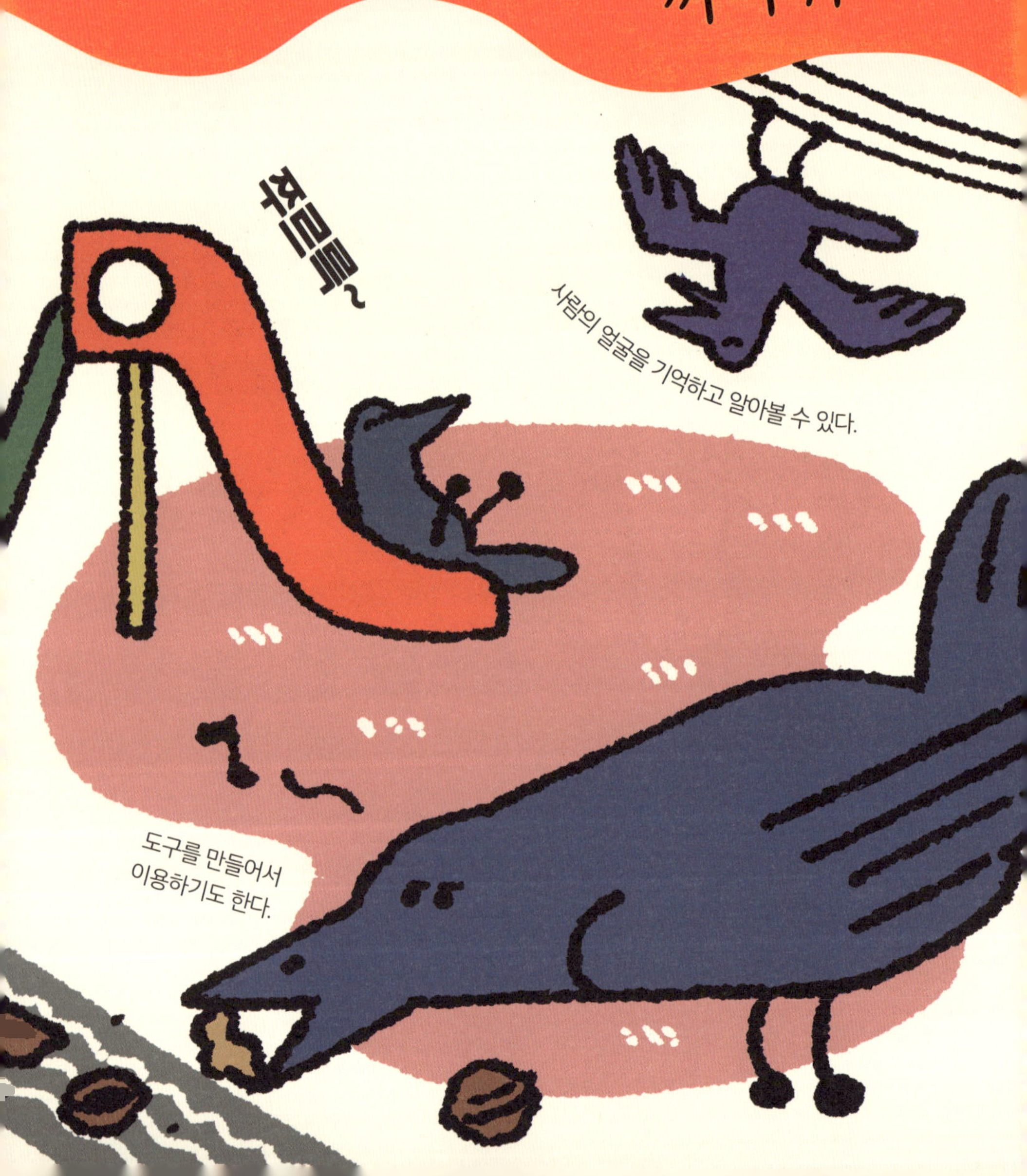
쭈르륵~
사람의 얼굴을 기억하고 알아볼 수 있다.
도구를 만들어서 이용하기도 한다.

HOT! 오늘의 새 #8

[변화를 즐기는 태도와 호기심이 엄청난 성과를 올렸다]

까마귀는 오늘도 도시의 삶을 만끽한다. 성공한 새는 다른 새와 어떤 점이 다를까? 가장 진화한 조류 까마귀에게 평소 어떤 생각을 하는지 물어보았다.

"혼자 힘으로 뭘 하려는 것부터가 잘못이에요. 모든 걸 이용해야죠."

말을 마친 까마귀는 호두를 찻길에 떨어뜨렸다. 그러고는 바퀴에 깔려 보기 좋게 깨진 껍질에서 알맹이를 꺼내며 미소를 지었다.

"안 그래요?"

유능한 새는 놀 때도 제대로 논다.

"요즘은 놀이터 미끄럼틀에 꽂혔어요. 전깃줄에 거꾸로 매달리기에 푹 빠진 친구도 있고요."

이런 놀이는 얼핏 보면 시간 낭비인 것 같다. 하지만 이 행동을 통해 새로운 아이디어와 습성이 생긴다.

"우선 숲에서 나오세요. 그리고 사람의 쓰레기를 뒤져 보세요. 사냥으로 먹이를 구한다는 고정 관념, 그걸 버리는 게 가장 중요해요."

분류	조류
크기	전체 길이 40~70cm
서식지	전 세계의 육지(남극 제외)
먹이	곤충, 과일 등

전 세계에는 40종이 넘는 까마귀가 살고 있다. 까마귀는 남달리 뇌가 크고 지능이 높은 새이다. 호기심도 왕성하기 때문에 살아가는 데 딱히 필요하지 않은 행동도 자주 한다. 이러한 능력은 '도시'라는 새로운 환경에 적응하는 데에 도움이 되었다. 잡식성이어서 뭐든 잘 먹는다는 점 역시 도시 생활에 안성맞춤이었다. 까마귀 역시 사람을 이용해 크게 번성한 조류다.

효율성을 중시해서 번성

그냥 궁금해서 물어보는 건데, 개인이 강해야 할 필요가 있을까요? 덩치를 키우거나 더 빨리 달리려고 애쓰는 동물들이 있잖아요. 그러면 효율이 너무 떨어지지 않나요?

한 명 한 명은 약하더라도 수가 엄청나게 많으면 이길 수 있어요. 아니, 수를 늘리기 위해 몸 구조를 아주 단순하게 만드는 편이 나아요. 생산 비용을 낮출 수 있으니까요.

개미

우리도 조상님 때엔 날개가 달렸고 독침도 있었어요. 하지만 만들기가 어려워서 떼어 냈어요. 덩치도 작게 줄여서 좁은 둥지에서 여럿이 살고 있죠. **이렇게까지 효율성을 따진 덕분에 1000조 마리가 넘는 개미가 전 세계로 퍼질 수 있었어요.**

알도 굳이 모두가 낳아야 할까요? 여왕개미가 잔뜩 낳은 알을 다 함께 힘을 합쳐 키우는 게 더 효율적이죠. **개성이요? 개미 세계에서 그런 걸 따졌다간 딱 왕따 당하고 말걸요?**

분류	곤충류
크기	몸길이 0.1~3cm
서식지	전 세계의 육지(남극 제외)
먹이	곤충, 꽃의 꿀, 세균 등

곤충을 번성하게 한 가장 큰 무기는 날개인데 개미는 그 날개를 버리고 한층 더 번성할 수 있었다. 개미 한 마리 한 마리의 생산 비용을 낮추는 전략을 택한 것이다. 효율적인 번식을 위해 무리 안에서 여왕은 알을 낳는 일에만 전념하고 딸인 일개미가 새끼를 기른다. 일개미는 작고 날개가 없으며 독침을 잃은 종류도 많지만 그만큼 성장을 위해 필요한 양분을 아낄 수 있으므로 수를 늘리기가 쉽다.

쓰레기를 뒤져서 번성

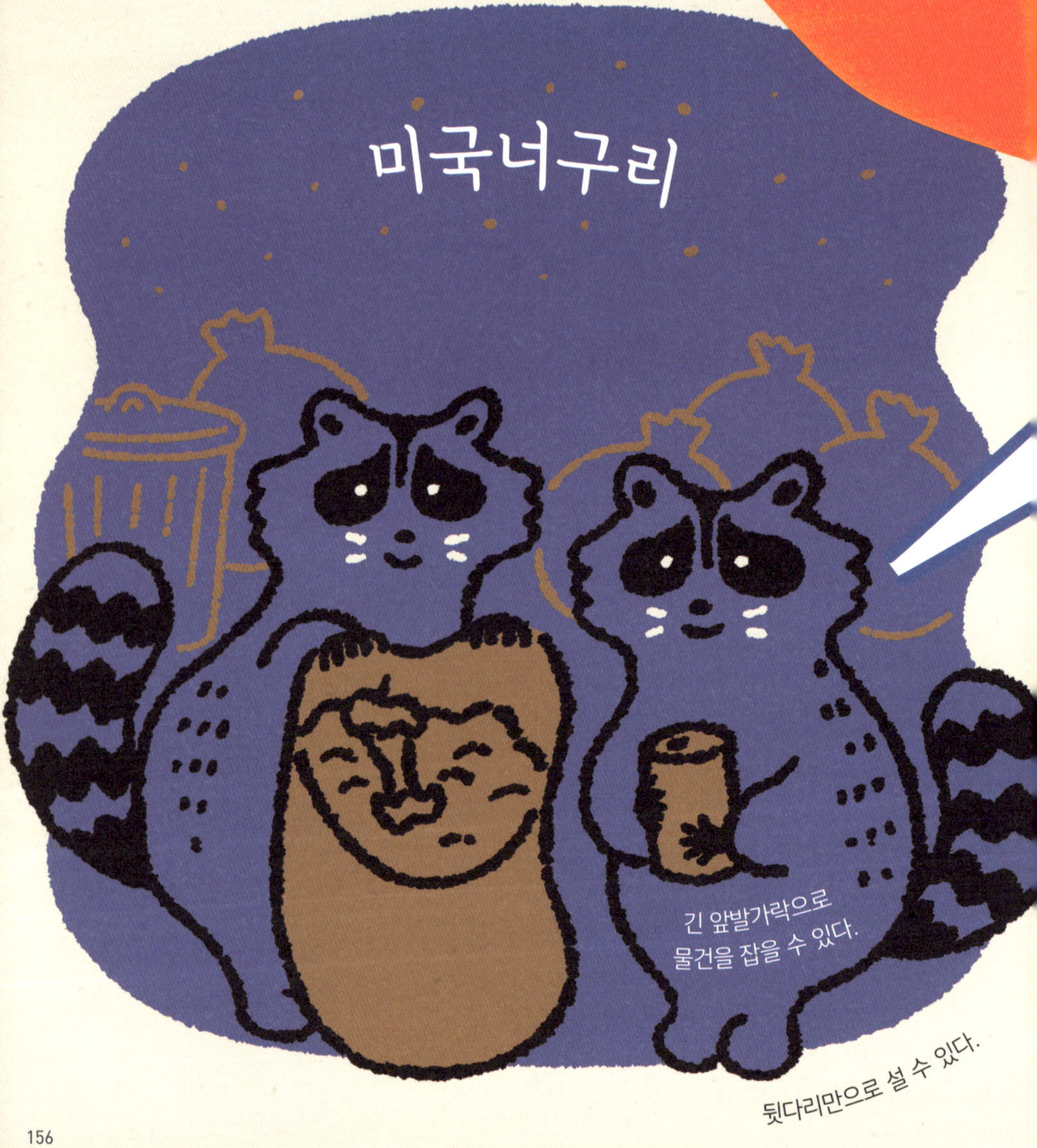
미국너구리
긴 앞발가락으로 물건을 잡을 수 있다.
뒷다리만으로 설 수 있다.

또 사과 심이네. 고기나 생선같이 좀 괜찮은 먹이 없나?

이 동네 쓰레기장도 슬슬 떠날 때가 됐나 봄다.

이제 와서 숲으로 돌아가 봐야 좋을 게 없는데.

아무래도 그렇습죠. **숲에는 고기나 나무 열매나 벌레만 골라서 먹는 '전문가'들이 있으니 말입다.** 우리가 맞붙어 봤자 그 녀석들은 절대 못 당합다.

우리는 아무거나 두루두루 잘 먹는 '팔방미인' 스타일이니까. 전문 레스토랑이 아니라 백반집 느낌이랄까.

뭐든 잘 먹으니까 이렇게 사람이 남긴 음식을 먹으며 마을에서 번식할 수 있었지 말입다.

맞아. 그런데 사람 녀석들, **우리를 '쓰레기 판다'라고 부른다던데?**

그러니까 말입다. 이렇게 많은 음식물 쓰레기를 우리가 처리해 주는데… 정말 괘씸함다!

이러길 잘했어

가리는 음식이 없어서 살았씀다.

분류	포유류
크기	몸길이 50cm
서식지	서아시아, 동아프리카 ※외래종으로서 일본이나 유럽 등에도 분포되어 있음
먹이	고기, 과일

미국너구리는 잡식성이며 호기심이 강한 데다 손재주가 좋다. 이러한 특징은 자연환경보다는 사람의 주변에서 살아가는 데 안성맞춤이었다. 1940년대 후반부터 미국이 빠르게 풍요로워지고 사람이 음식물을 많이 버리기 시작하자 음식물 쓰레기를 뒤지던 미국너구리의 수도 15~20배까지 늘어났다. '쓰레기 판다'라는 별명도 있는데, 이는 '쓰레기를 먹는 판다'라는 뜻이다.

집게발을 잘 써서 - 번성 -

자! 이리 오셔서 구경들 하세요! 바다 건너 미국에서 온 미국산 가재입니다.

이 집게발, 다른 가재와는 차원이 다릅니다! **물풀을 싹둑싹둑 잘라서 숨어 있던 올챙이도 콱! 잠자리 새끼도 콱!** 모두 단번에 찾아내니까요. 절~대 먹이 때문에 고생할 일이 없어요.

그뿐만이 아닙니다! **연못 바닥에 몇 미터나 되는 구멍을 파는 것도 식은 죽 먹기죠!** 아늑한 구멍 안에서 겨울을 보내고, 짝짓기도 하고…. **연못 물을 몽땅 퍼내더라도 구멍 안에 있으면 아무 문제가 없어요!**

어떠십니까! 손님도 하나… 엥? "우리 생태계를 어지럽히지 말라." 고요? … OH, 쏘리, 나, 한쿡말, 잘 몰라YO. 일부러 그런 것, 아닌데YO?

이러길 잘했어

집게발을 똑똑하게 활용해서 다행이에YO!

분류	갑각류
크기	몸길이 10cm
서식지	미국 남부 ※외래종으로서 대한민국과 일본, 유럽 등에도 분포함
먹이	물풀, 작은 물고기, 수생 곤충

미국가재는 멋진 집게발 덕에 한국에서 관상용으로 한때 인기를 끌었다. 그러다 일부가 산속이나 연못 등에 버려졌는데, 재주를 발휘해서 번성하는 데 성공했다. 집게발로 물풀을 자르면 사냥감이 숨을 장소를 없앨 수 있고, 겨울에 물이 마른 논에서도 깊게 구멍을 파고 살 수 있었던 것이다. 지금은 생태계 교란종으로 지정돼 사육이 금지되어 있다.

대장균

오늘도, 당신의 대장 속으로

동물의 배 속에 살아서 번성

알고 있습니까?
당신의 몸무게 중 1.5킬로그램은 장 속 세균의 무게입니다.

사람의 장에는 약 3만 종류나 되는 세균이 살고 있어요. 그 수를 모두 합치면 1000조 마리, 무게는 1.5킬로그램이나 됩니다. 그중 99퍼센트는 산소에 무척 약합니다. 배 속에서 나왔다간 이 세상과는 안녕입니다.

하지만 우리 대장균은 괜찮아요. **산소가 없더라도 따뜻하고 축축한 곳이라면 힘차게 돌아다닐 수 있죠. 수를 늘리는 데도 아주 뛰어나요.** 고작 대장균 한 마리가 20분 만에 두 마리, 40분이면 네 마리, 12시간이면 687억 1947만 6736마리까지 늘어날 수 있어요. 굉장하죠?

자, 그러면~ 오늘도 사람의 똥에 쏙 들어가서 강으로~ 바다로~, 그리고 다시 동물의 배 속으로~ 엄마 배에서 갓난아기의 배로~ 이사를 다니겠습니다!

장소와 시대는 중요치 않아요.
위풍당당한 우리의 행진은 계속될 테니까!

이러길 잘했어

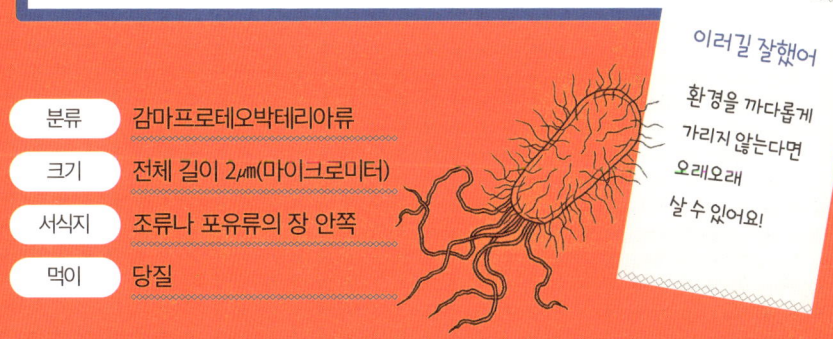

환경을 까다롭게 가리지 않는다면 오래오래 살 수 있어요!

분류	감마프로테오박테리아류
크기	전체 길이 2㎛(마이크로미터)
서식지	조류나 포유류의 장 안쪽
먹이	당질

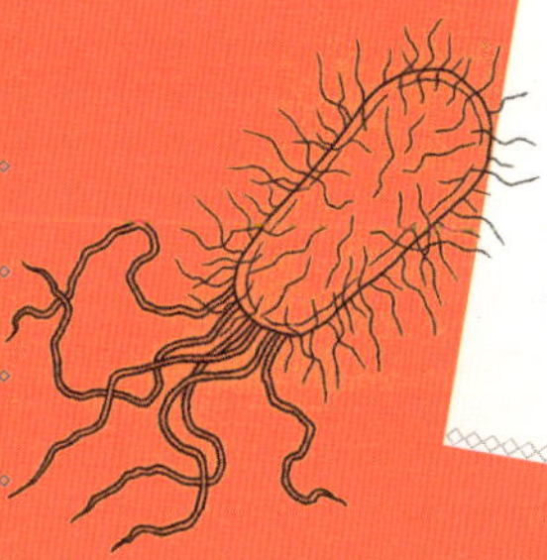

대장균은 가장 많이 연구된 세균(박테리아)이다. 하나의 종이지만 O111이나 O157 등 여러 계통이 있다. 대장균은 따뜻하고 축축한 곳을 좋아해서 체온이 높은 포유류나 조류의 장 속에 산다. 조상이 우연히 동물의 몸 안에 침입해서 그 환경에 잘 적응했는데, 마침 포유류와 조류의 수가 늘어난 덕분에 크게 번성할 수 있었다.

남극해의 영양분을
독차지해서
번성
파도에
쓸려 다니는 플랑크톤
눈과 다리의 이음매가 빛을 낸다.
크릴새우

대~박! 오늘은 햇볕이 쨍쨍해서 기분도 킹왕짱~!

식물성 플랑크톤 뷔페라니 우왕~굿~♥

저기… 제가 여기는 처음인데요, 이렇게 뭉쳐 다니면 물고기가 달려들지 않나요?

헐… 갑자기 뭐임?

이 바다는 너무 차가워서 물고기가 거의 없으니까 괜찮괜찮.

인정. 그래서 수영 솜씨가 꽝인 우리도 완전 안심하는 부분★

그, 그렇군요….

어휴! 분위기 왜 이럼? 우리 크릴새우는 바다의 왕이야! 무게를 모두 합치면 3.8억 톤! 사람의 무게를 모두 합친 것과 비슷하다고! 물고기 따윈 관심 없음~!

미안, 미안. 얘가 가끔 오버할 때가 있어.

참 뭐라고 말해야 좋을지… 죄송하네요.

됐고, 얘들아! 빨리 플랑크톤이나 먹자~!

앗… 저거 고래 아닌가요?

뭐?

으악~!

이러길 잘했어

차가운 바다에 살기로 한 건 굿 아이디어~!

분류	연갑류
크기	몸길이 6cm
서식지	남극해
먹이	식물성 플랑크톤

차가운 바다는 따뜻한 바다보다 산소가 더 잘 녹아들고 영양분이 풍부하다. 하지만 환경의 다양성이 부족하기 때문에 살아가는 생물의 종류가 적다. 그래서 경쟁에서 이기기만 하면 적은 종이라도 크게 불어날 수 있다. 크릴새우는 이름과 달리 새우가 아닌 동물성 플랑크톤으로, 경쟁자를 찾기 힘든 남극에서 매우 작은 식물성 플랑크톤을 걸러 먹으며 크게 번성했다.

석유가 발견되어서 번성

멧돼지 맘의 행복한 산골 생활 블로그 ♬

오늘은 애기들을 데리고 도토리 사냥을 했어요~.
저희 가족 모두 배불리 먹었답니다! 애기들이 어찌나 좋아하던지❤

요즘 들어 이런 대수롭지 않은 시간들이 너무 행복해요.
예전에는 사람이나 늑대한테 공격을 받아서 밖에 돌아다니기도 무서웠는데~⬇⬇
석유가 발견된 뒤로는 숯과 장작의 인기가 시들해져서
사람들이 나무를 하러 오는 일이 없어졌어요!
그 덕분에 저흰 산에서 유유자적하게 지낸답니다~🌞

늑대도 요즘은 통 안 보이네요. 정말이지, 평화로운 게 최고라니까!💩
아, 돌아가는 길에 참마를 찾았어요(^_^b). 이러다 또 살찌겠네~😂

댓글(3)

1 반달가슴곰
님은 잘 살아서 좋을지 모르겠는데…. 사람에게 멸종당할 위기에 처한 다른 동물들의 마음도 좀 생각해 주세요!

2 일본늑대
나는 이미 사람한테 멸종당했다고.

3 회색늑대
>>2 나도 조심해야지 >ㅁ<

이러길 잘했어

산속에서 버티고 있길 잘했죠~ ♪

분류	포유류
크기	몸길이 1.4m
서식지	아프리카, 유럽, 아시아 ※외래종으로서 북아메리카, 오스트레일리아에도 분포되어 있음
먹이	과일, 뿌리줄기

과거 사람이 사는 곳 근처에는 숯을 굽거나 장작을 구하기 위해 잡목림이 만들어졌다. 그런데 19세기 이후로 석유나 석탄 등의 화석 연료가 사용되면서 잡목림에는 사람의 발길이 끊겼다. 멧돼지는 사냥을 당하거나 서식지가 사라지면서 수가 줄어들고 있었는데, 20세기 무렵부터 사람이 도토리 등의 나무 열매가 풍부한 잡목림을 떠나자 다시금 번성할 수 있었다.

알에 독이 들어서

번성

지지직… 여기는 암호명 '킹'입니다. 지금부터 '독알 작전'을 시작하겠습니다, 오버.

여기는 본부… 알았다. 알의 상태는 어떤가? 오버.

바로 조금 전, 제가 수면 위의 물풀에 200개 정도를 낳았습니다. **색깔도 선명해서 눈에 잘 띕니다.**

알았다…. 적의 상황은 어떤가?

북북동 방향에서 까마귀가 다가오는 중입니다. 앗! 적이 알을 발견했습니다. 곧 접촉합니다!

어떤가, 먹었나? … 응답하라…!

여기는 킹. **적은 알을 몇 개 먹은 뒤 곧바로 토해 냈습니다!**

좋아! 작전에 성공했군! 이제 두 번 다시 우리 알을 먹으려 하지 않겠지.

네! 우리 알은 무척 쓴 데다가 신경독인 PCPV2가 잔뜩 들어 있으니까요. **까마귀 녀석, 앞으로는 핑크색 알만 봐도 꽁무니를 뺄 겁니다!**

STRATEGY 독알 작전 POISONOUS EGGS

왕우렁이

영어로는 '골든 애플 스네일'

분류	복족류
크기	껍질의 길이 7cm
서식지	남아메리카 ※외래종으로서 아시아, 북아메리카 등에도 분포되어 있음
먹이	풀, 곤충의 사체

이러길 잘했어

알에 독을 넣은 건 신의 한 수였습니다!

왕우렁이는 보통 물속에서 지내다가 번식기가 되면 선명한 핑크색 알을 물이 닿지 않는 곳에 모아서 낳는다. 이 알에는 강한 독이 있는데 일부러 눈에 잘 띄게 해서 '위험하니 먹지 말라'고 경고하는 셈이다. 방어할 방법이 전혀 없는 알 시기를 안전하게 보낼 수 있어서 왕우렁이는 세계 각지에서 번성하고 있다

낚시가 유행해서

번성

깊은 물속

배스 지음

새끼 배스 두 마리가 파르스름한 호수 바닥에서 이야기를 나누고 있었습니다.

"물고기가 둥실둥실 떠다니고 있어."

"뿅 뿅 튀기도 해."

"맛있어 보이는데."

새끼 배스 한 마리가 참지 못하고 눈앞의 물고기에게 달려들었습니다. 바로 그때였습니다. 새끼 배스는 '첨벙', 하고 물 밖으로 끌려 올라갔습니다. 남겨진 새끼 배스가 벌벌 떨고 있을 때 아빠 배스가 나타났습니다.

"아빠, 방금 이상한 물고기가 있었어요. 그걸 덥석 문 친구가 위쪽으로 날아갔어요."

"그 녀석은 물고기가 아니라 루어란다. 우리를 낚기 위한 가짜 미끼지."

"친구가 잡아먹히겠어요."

"걱정 말렴, 사람은 우릴 먹지 않으니까. 곧 돌아올 거야."

"그럼, 왜 낚는 거예요?"

"낚은 물고기의 크기로 대결하는 거야. 더 큰 배스를 낚을수록 칭찬을 받고, 돈도 많이 벌 수 있지. 그래서 사람은 우리 수를 계속 늘리고 있단다."

이러길 잘했어

뭘 잘 했다기보단…
재미를 추구하는
사람 덕분이지!

분류	경골어류
크기	전체 길이 50cm
서식지	북아메리카 ※외래종으로서 대한민국, 일본, 유럽 등에도 분포되어 있음
먹이	물고기, 개구리, 갑각류

배스는 1970년대에 정부가 식용 연구를 목적으로 미국으로부터 들여와 강원도 철원에 처음 방류한 외래종이다. 그 뒤 배스 낚시를 좋아하는 사람들이 여러 연못과 호수에 풀어놓아 지금은 전국에 널리 퍼졌다. 서식지의 생물을 닥치는 대로 잡아먹는 탓에 생태계 교란종으로 지정돼 있지만 여전히 낚시꾼들에게 즐거움을 주는 생물로 번성하고 있다.

나가는 말

〈이유가 있어서 멸종했습니다〉 시리즈가 세 권째를 맞이하게 되었습니다. 이번에는 처음으로 '이유가 있어서 멸종할 것 같은' 생물을 다루었습니다. 멸종 위기종 문제는 과거의 멸종과는 달리 현재를 살아가는 우리가 어떻게든 해결해야 하는 문제입니다.

만약 여러분이 멸종할지도 모르는 생물을 위해 '나라도 뭔가 해 봐야겠다.'고 생각했다면 그건 무척 훌륭한 마음가짐입니다. 하지만 지금 당장 뭔가를 시작할 필요는 없습니다. 멸종할지도 모르는 생물들이 있음을 알고, 그 생물들을 지키기 위해 행동하고 싶은 마음이 생긴 것만으로도 훌륭한 일이랍니다.

여러분 중에 어른이 되어서 생물에 관한 연구나 환경을 지키는 일을 할 사람은 얼마 되지 않을 것입니다. 그런데 꼭 그런 사람들만이 세상을 움직이는 건 아닙니다. 우리 주변의 모두가 당연하다는 듯이 생물을 아끼고 환경을 생각하는 사회를 만드는 것이 중요하죠.

여러분이 '나라도 뭔가 해 봐야겠다.'고 생각한 것을 오래오래 잊지 않는다면 반드시 우리가 꿈꾸는 미래가 찾아오리라 믿습니다.

글 마루야마 다카시

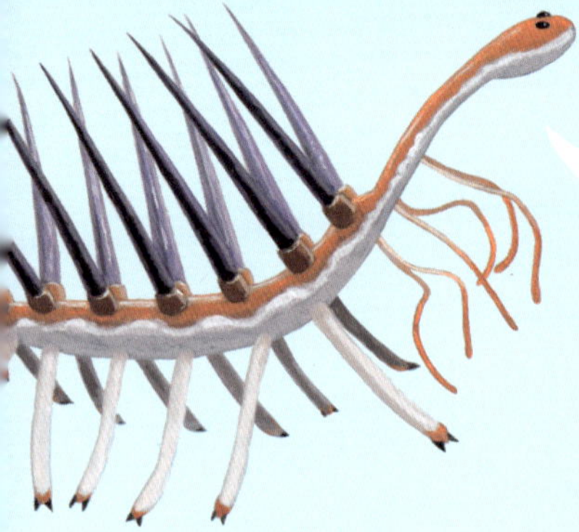

추천하는 말

〈이유가 있어서 멸종했습니다〉 시리즈의 세 번째 책이 나왔습니다. 지구가 탄생한 이래 수십억 년 동안 수많은 생물들이 탄생과 멸종을 계속하고 있습니다. 이 책은 몇 권까지 나올 수 있을까요?

멸종은 한 종류의 생물이 한 마리도 남김없이 지구에서 사라지는 것을 말합니다. 얼핏 들어 보면 슬픈 일이지만 다르게 생각하면 좋은 일일 수도 있습니다. 어떤 생물이 멸종하지 않으면 그 생물이 한자리를 계속 차지하고 있을 겁니다. 새로운 생물이 탄생할 기회가 없겠지요. 즉, 한 생물의 멸종은 다른 생물의 탄생으로 이어지는 것입니다.

멸종은 대개 환경의 변화에 적응하지 못해서 일어납니다. 멸종의 이유가 되는 환경은 외부의 환경이 있고 내부의 환경이 있습니다. 추위나 더위, 초신성 폭발 등은 외부의 환경입니다. 뽐내기 위해서 이빨이 길쭉해진 것이나 풀만 먹는 식성 같은 것은 내부의 환경이라고 할 수 있겠지요.

그런데 이 책에는 인간이 외부의 환경을 변화시켜서 많은 동물들이 멸종한다는 내용이 담겨 있습니다. 인간이 농사를 짓기 때문에 또는 인간과 함께 들어온 동물들 때문에 멸종한 동물도 있고, 심지어 냉장고가 너무 좋아져서 멸종할 위기에 있는 동물도 있습니다.

인간의 활동은 멸종의 원인이 되기도 합니다. 그런데 그 결과로 인간이 멸종할지도 모릅니다. 예컨대 요즘 뉴스에서는 아주 많은 꿀벌이 사라졌다는 소식이 들려옵니다. 전 세계 식량의 90퍼센트를 농작물이 차지하고 있는데, 그중에 약 63퍼센트가 꿀벌을 통해 열매를 맺습니다. 꿀벌이 사라지면 우리에게도 그 영향이 아주 클 것입니다.

어떤 이유로 생물들이 멸종하는지를 아는 것은 우리 인간의 멸종을 막기 위해서도 꼭 필요한 일입니다. 이 책에서는 다양한 이유로 멸종한 동물들에 대해서 소개하고 있으니, 우리가 멸종당하지 않기 위해서라도 이 책에 소개된 동물들의 멸종 원인, 그리고 번성한 원인을 찬찬히 읽어 주시기 바랍니다.

백두성(고생물학 박사, 노원천문우주과학관 관장)

찾아보기

[감수] 이마이즈미 다다아키

도쿄수산대학(현 도쿄해양대학) 졸업, 일본 국립과학박물관에서 포유류분류학과 생태학을 연구했다. 문부과학성의 국제생물학 사업계획(IBP) 조사와 환경성의 이리오모테살쾡이 생태 조사 등에 참가했다. 우에노동물원에서 동물 해설가로 근무했으며 도쿄동물원협회 평의원을 역임했다. 주된 저서로는 『야생 고양이 백과』, 『동물행동학 입문』, 『고양이는 신기해』 등이 있으며 『안타까운 생물 사전』 시리즈 등의 감수를 맡았다. 홀로 조용히 살아가며 엄하게 새끼를 키우는 치타나 표범 등의 고양잇과 동물을 좋아한다.

[글] 마루야마 다카시

동물에 관한 책과 도감을 주로 쓴다. 네이처프로 편집실 근무를 거친 뒤 네게브 사막에서 실시한 바위너구리 조사에 몸담았다. 『안타까운 생물 사전』, 『속편 안타까운 생물 사전』을 집필하였고, 『불쌍한 동물 사전』의 편집과 『날 때부터 불쌍한 동물 사전』의 감수를 맡았다. 좋아하는 동물은 땅돼지. 유일한 관치목 동물이라는 고고한 모습과 흰개미를 먹는데도 특이하게 계속해서 어금니가 자란다는 점 등에 반했다고 한다.

[그림] 사토 마사노리(1~3장)

무사시노미술대학 졸업, 기업과 유원지의 캐릭터를 만들었다. 저서로는 『누구나 춤추고 노래해』, 『앗 위험해!』 『지하철 사자선』 등이 있으며, 『여름 숲의 장수풍뎅이』 등에 그림을 그렸다. 날마다 청개구리를 보며 행복을 느끼는 중이다.

[그림] 우에타케 요코(4~5장)

타마미술대학 졸업, 인쇄 회사에서 디자이너로 근무하다 2013년부터 일러스트레이터로 일했다. 사람처럼 움직이는 곰을 좋아한다.

[그림] 히다카 나오토(134~137쪽)

화가이자 일러스트레이터. 오카야마현립대학 디자인학부 졸업. 대학 졸업 후 해마다 개인전을 열고, 책이나 광고 일러스트를 그리고 있다. 줄무늬가 예쁜 호랑이를 좋아한다.

[그림] 이와사키 미즈키(첫머리, 6장)

타마미술대학 졸업, 어린이 방송의 애니메이션 제작을 비롯해 일러스트레이션과 캐릭터 디자인을 맡고 있다. 북극곰을 좋아하며 곰치를 기르고 있다.

[그림] 이즈미 가에데(살아 있는 화석의 무대, 별책 '이유가 있어서 쫓겨났습니다')

1993년 일본 오키나와 출생. 요코하마미술대학 졸업. 크리에이터 '#GIF 이즈미'로 폭넓게 활동 중이다. 바다 생물을 좋아하여 수족관을 자주 찾아간다. 특히 갑각류는 먹는 것도 좋아한다.

[그림] 나스미소이타메(도감 선화)

2004년부터 삽화가로 활동을 시작했다. 서적이나 광고, 인터넷 등에서 일러스트와 캐릭터 디자인을 담당했다. 생김새도 멋지고 무늬도 멋진 치타를 좋아한다.

[한국어판 감수] 백두성

고려대학교 지질학과에서 고생물학으로 박사를 수료했다. 서대문자연사박물관에서 건립 담당자, 지질분야 학예사, 전시 교육 팀장으로 활동했으며, 지금은 노원천문우주과학관에서 관장으로 일하고 있다.

[옮김] 곽범신

세종대학교 일어일문학과를 졸업한 뒤 전문 번역가로 활동하고 있다., 번역가 모임인 '바른번역'의 회원이다. 옮긴 책으로 『지구인들을 위한 진리 탐구』가 있다.

억울한 이유가 있어서 멸종했습니다

초판 1쇄 발행 2022년 5월 18일 초판 7쇄 발행 2025년 4월 1일

감수 이마이즈미 다다아키 | 글 마루야마 다카시 | 그림 사토 마사노리 외
한국어판 감수 백두성 | 옮긴이 곽범신 | 펴낸이 최순영
교양 학습 팀장 김솔미 | 편집 이유진 | 키즈 디자인 팀장 이수현 | 디자인 김효정, 이수현

펴낸곳 (주)위즈덤하우스 | 출판등록 2000년 5월 23일 제13-1071호
주소 서울특별시 마포구 양화로 19 합정오피스빌딩 17층 | 전화 02)2179-5600
홈페이지 www.wisdomhouse.co.kr | 전자우편 kids@wisdomhouse.co.kr

ISBN 979-11-6812-311-3 73490

MOTTO WAKEATTE ZETSUMETSU SHIMASHITA.
by Tadaaki Imaizumi and Takashi Maruyama